数字生活轻松入门

网上开店

晶辰创作室　周梦楠　刘小青　编著

科学普及出版社

·北　京·

图书在版编目（CIP）数据

网上开店 / 晶辰创作室，周梦楠，刘小青编著. --北京：
科学普及出版社，2020.6
（数字生活轻松入门）
ISBN 978-7-110-09642-0

Ⅰ. ①网… Ⅱ. ①晶… ②周… ③刘… Ⅲ. ①电子商务－商业
经营－通俗读物 Ⅳ. ①F713.36-49

中国版本图书馆 CIP 数据核字（2017）第 181272 号

策划编辑	徐扬科
责任编辑	付晓鑫
封面设计	中文天地　宋英东
责任校对	杨京华
责任印制	徐　飞

出　　版	科学普及出版社
发　　行	中国科学技术出版社有限公司发行部
地　　址	北京市海淀区中关村南大街 16 号
邮　　编	100081
发行电话	010 – 62173865
传　　真	010 – 62173081
网　　址	http://www.cspbooks.com.cn
开　　本	710 mm ×1000 mm　1/16
字　　数	189 千字
印　　张	9.5
版　　次	2020 年 6 月第 1 版
印　　次	2020 年 6 月第 1 次印刷
印　　刷	北京博海升彩色印刷有限公司
书　　号	ISBN 978-7-110-09642-0/F・267
定　　价	48.00 元

（凡购买本社图书，如有缺页、倒页、脱页者，本社发行部负责调换）

"数字生活轻松入门"丛书编委会

主　编

陈晓明　宋建云　王　潜

副主编

朱元秋　赵　妍　王农基　王　冠　顾金元

编　委

赵爱国　田原铭　徐　淼　何　谷　杨志凌　孙世佳　张　昊

张　开　刘鹏宇　刘宏伟　刘小青　姚　鹏　刘敏利　周梦楠

胡　法　王义平　朱鹏飞　赵乐祥　朱元敏　马洁云　王　敏

王　硕　吴　鑫　朱红宁　马玉民　王九锡　谢庆恒

前　言

　　随着信息化时代建设步伐的不断加快，互联网及互联网相关产业以迅猛的速度发展起来。短短的二十几年，个人电脑由之前的奢侈品变为现在的必备家电，电脑价格也从上万元降到现在的三四千元，网络宽带已经连接到千家万户，包月上网费用从前些年的一百五六十元降到现在的五六十元。可以说电脑和互联网这些信息时代的工具已经真正进入寻常百姓之家了，并对人们日常生活的方方面面产生了深刻的影响。

　　电脑与互联网及其伴生的小兄弟智能手机——也可以认为它是手持的小电脑，正在成为我们生活中不可或缺的元素，曾经的"你吃了吗"的问候变成了"今天发微信了吗"；小朋友之间闹别扭的台词也从"不和你玩了"变成了"取消关注"；"余额宝的利息今天怎么又降了"俨然成了一些时尚大妈的揪心话题……

　　因我们的丛书主要介绍电脑与互联网知识的使用，这里且容略去与智能手机有关的表述。那么，电脑与互联网的用途和影响到底有多大？让我们随意截取几个生活中的侧影来感受一下吧！

　　我们可以通过电脑和互联网即时通信软件与他人沟通和

交流，不管你的朋友是在你家隔壁还是在地球的另一端，他（她）的文字、声音、容貌都可以随时在你眼前呈现。在互联网世界里，没有地理的概念。

电子邮件、博客、播客、威客、BBS……互联网为我们提供了充分展示自己的平台，每个人都可以通过文字、声音、影像表达自己的观点，探求事情的真相，与朋友分享自己的喜怒哀乐。互联网就是这样一个完全敞开的世界，人与人的交流没有界限。

或许往日平淡无奇的日常生活使我们丧失了激情，现在就让电脑和互联网来把热情重新点燃吧。

你可以凭借一些流行的图像处理软件制作出具有专业水准的艺术照片，让每个人都欣赏你的风采；你也可以利用数字摄像设备和强大的软件编辑工具记录你生活的点点滴滴，让岁月不再了无印迹。网络上有着极其丰富的影音资源：你可以下载动听的音乐，让美妙的乐声给你带来一处闲适的港湾；你也可以在劳累一天离开纷扰的职场后，回到家里第一时间打开电脑，投入到喜爱的热播电视剧中，把工作和生活的烦恼一股脑儿地抛在身后。哪怕你是一个离群索居之人，电脑和网络也不会让你形单影只，你可以随时走进网上的游戏大厅，那里永远会有愿意与你一同打发寂寞时光的陌生朋友。

当然，电脑和互联网不仅能给我们带来这些精神上的慰藉，还能给我们带来丰厚的物质褒奖。

有空儿到购物网站上去淘淘宝贝吧，或许你心仪已久的宝

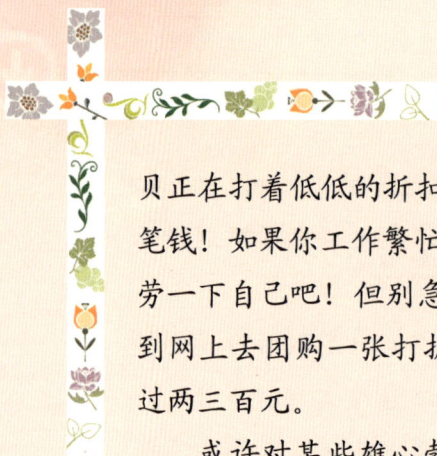

贝正在打着低低的折扣呢，轻点几下鼠标，就能让你省下一大笔钱！如果你工作繁忙，好久没有注意自己的生活了，那就犒劳一下自己吧！但别急着冲进饭店，大餐的价格可是不菲呀。到网上去团购一张打折券，约上三五好友，尽兴而归，也不过两三百元。

　　或许对某些雄心勃勃的人士来说就这么点儿物质褒奖还远远不够——我要开网店，自己当老板，实现人生的财富梦想！的确，网上开放式的交易平台让创业更加灵活便捷，相对实体店铺，省去了高额的店铺租金，况且不受地域及营业时间限制，你可以在24小时内把商品卖到全中国乃至世界各地！只要你有眼光、有能力、有毅力，相信实现这一梦想并非遥不可及！

　　利用电脑和互联网可以做的事情还有太多太多，实在无法一一枚举，但仅仅这几个方面就足以让人感到这股数字化、信息化的发展潮流正在使我们的世界发生着巨大的改变。

　　为了帮助更多的人更好更快地融入这股潮流，2009年在科学普及出版社的鼓励与支持下，我们编写出版了"热门电脑丛书"，得到了市场较好的认可。考虑到距首次出版已有十年时间，很多软件工具和网站已经有所更新或变化，一些新的热点正在社会生活中产生着较大影响，为了及时反映这些新变化，我们在丛书成功出版的基础上对一些热点板块进行了重新修订和补充，以方便读者的学习和使用。

在此次修订编写过程中，我们秉承既往的理念，以提高生活情趣、开拓实际应用能力为宗旨，用源于生活的实际应用作为具体的案例，尽量用最简单的语言阐明相关的原理，用最直观的插图展示其中的操作奥妙，用最经济的篇幅教会你一项电脑技能，解决一个实际问题，让你在掌握电脑与互联网知识的征途中有一个好的起点。

晶辰创作室

目 录

"亲，还包邮哦！"

近年来，随着网店的大幅增多，你一定曾经在网络、电视等媒体上见到或听到不止一次这样的话语。这句话在如今这个网络时代可以象征着网上购物的一种时尚。

足不出户，只需在电脑前点几下鼠标，自己购买的宝贝就可以被送货上门，网络购物既简单又方便。然而，你是否也曾经想过，不做顾客，改做老板，足不出户，便可以在家里开网店做生意呢？心动不如行动，如果想经营自己的网店，即刻行动起来吧！

本章主要通过对网络店铺的优势、网络交易的基本流程和开网店的前提准备等介绍，让用户在开网店前有充分的准备！

第一章
网上开店　前提准备

本章学习目标

◇ **开网店的优势**

　　了解网上开店与实体开店的差别，开网店的几个优势。

◇ **选择开店平台**

　　了解开网店的多个平台，选择适合自己的平台开店。

◇ **开店流程简介**

　　简要介绍淘宝开店及交易的基本流程。

◇ **硬件配置准备**

　　介绍网上开店都需要准备哪些硬件配置。

◇ **应用软件准备**

　　介绍网上开店都需要准备哪些电脑软件。

开网店的优势

所谓网上开店，简单来说就是经营者自己搭建或在相关网站平台上（如淘宝网）注册一个虚拟的网上商店（简称网店），然后将待售商品的信息发布到网页上。

而那些对商品感兴趣的浏览者看到这些商品信息并查阅，然后通过网上或网下的支付方式向经营者付款，最后经营者通过邮寄等方式，将商品发送至购买者。

网上购物的商品范围越来越广泛，使得它甚至超越了传统购物方式，被越来越多的人尤其是年轻一代所接受和喜爱。网购人群的不断发展、壮大，加上越来越多的人想利用这个机会实现自己创业的梦想，在这两方面因素的共同作用下，网上开店形势十分火爆。

那么相对于实体店铺而言，开网店有哪些优势呢？下面就来分析并介绍。

一、购物趋势

近几年来，中国网民的数量在急剧增长，然而网络购物的门槛也越来越低，只要会上网就可以学会网络购物，越来越多的人趋向于网上购物而非传统的商场购物。图1-1所示即为网上购物与商场购物的一个侧影。

图 1-1　网上购物与商场购物

二、投资小

相对实体店铺而言，网店仅仅需要支出商品的进货费用等。网上开店与实体店铺相比可以大大节省开店成本，而且网店也可以根据顾客的订单进货，不会因为积货浪费大量资金。此外，网店经营主要是通过网络进行，不需要专人时时看守，这样就可以省下房租、雇工费、水电气等各类杂费，这样初期投资成本自然就非常低。由表 1-1 可以明显看出网店的优势。

表 1-1　网店与实体店成本明细对比

资金项目	网店	实体店
店铺租金	无	高昂
店铺招牌	无	需付费制作
内部装修	无	需付费装修
商品陈列	无	需付费订做
日常开销	无	较多
员工工资	无	每月需支付工资
商品库存	无，或少量	需具备一定库存

三、范围广

如果说一个实体店铺，其购买群体仅限于店铺周边的人群，那么网店就完全没有地域限制，网店中所针对的购买群体，可以是自己所在城市、全国甚至全世界，你完全可以像图 1-2 所示意的那样，借助这股互联网浪潮把生意做到世界各地。

图 1-2　网上开店，大有作为

同时由于无地域限制，以及购买群体的广泛分布性，在开网店后，可以将自己所在地的特色商品、特色小吃等在网店上销售，这样其他地区的人群，也就能够方便地买到卖家所在地的各种特产了，如图 1-3 所示。

图 1-3　全国各地地方特产

图 1-4　网店无时间限制

四、限制小

实体店铺往往要受到营业时间、地点、面积等因素的限制，而网店则完全不受这些条件的限制。经营者可以全职经营，也可以兼职经营，只要有一台能上网的电脑就可以开网店和经营，营业时间也比较灵活，只要可以及时查看浏览者的咨询并给予及时回复就不影响营业。卖家不必 24 小时守在店铺中，买家在任意时间浏览了你的店铺，并且看上了店中商品，可以直接下单。实体店与网店营业时间对比如图 1-4 所示。

选择开店平台

网上开店是电子商务的一种形式。最近几年，国内提供网上开店服务的网站发展蓬勃，使国内网购市场异常活跃。以下列举几个大型的交易平台网站，各有各的优势，各有各的特点。创业者需要根据自己的特点综合分析选择网站，将使创业之路事半功倍。

一、拍拍网

中国知名的网络零售商圈，是腾讯旗下的电子商务交易平台。拍拍网依托腾讯

QQ 的庞大用户群等优势资源，具备良好的发展基础。拍拍网一直致力于打造时尚、新潮的品牌文化，主要有网游、数码、女人馆、运动、学生、哄抢、彩票七大频道，为广大用户提供一个安全健康的一站式在线交易平台。图 1-5 为拍拍网首页。

图 1-5　拍拍网首页

二、易趣网

易趣网 1999 年创立于上海，是一个网上交易平台，提供 C2C（个人—个人）与 B2C（商家—个人）的网络平台的搭建与服务，图 1-6 为其首页。目前易趣是电

图 1-6　易趣网首页

子商务公司 eBay（Nasdaq：EBAY）和国内领先的门户网站、无线互联网公司 TOM 在线于 2006 年 12 月携手组建的一家合资公司。北京时间 2012 年 9 月 7 日，eBay 宣布已经收购了侧重于时尚产品的社交电子商务网站 Svpply。在 eBay 易趣平台上，所有的交易将通过易趣，收取登录和交易服务费。图 1-6 为易趣网首页。

三、淘宝网

淘宝网是亚太最大的网络零售商圈，致力于打造全球领先网络零售商圈，由阿里巴巴集团在 2003 年 5 月 10 日投资创立，是国内第一个大型的第三方购物平台。截止 2010 年 12 月 31 日，淘宝网注册会员超 3.7 亿人，覆盖了中国绝大部分网购人群；2018 年交易额为 4.82 万亿元，占中国网购市场 80%的份额。2018 年 11 月 11 日，淘宝单日交易额 2135 亿元。其商品的繁多和人气的旺盛均排列全国前茅，在实名认证的前提下，只需简单的几步就可以在淘宝免费开店。图 1-7 为淘宝网首页。

图 1-7　淘宝网首页

本书将选择在淘宝网开店为例介绍如何开网店做生意，原因有以下几点：

● 品质保证

淘宝网是中国深受欢迎的网购零售平台，拥有超过 5 亿的注册用户数，每天有超过 6000 万的固定访客，同时每天的在线商品数已经超过了 8 亿件，平均每分钟售出 4.8 万件商品。淘宝商城整合数千家品牌商、生产商，为商家和消费者之间提供一站式解决方案，提供 100%品质保证的商品、7 天无理由退货的售后服务，以及购物积分返现等优质服务。

● 特色服务——阿里旺旺

与易趣不同的是，淘宝会员在交易过程中感觉到轻松活泼的家庭式文化氛围，主要原因是因为有了沟通工具——阿里旺旺（图1-8）。会员注册之后淘宝网和阿里旺旺的会员名将通用，如果用户进入某一店铺，正好店主也在线的话，会出现掌柜在线的图标，可与店主及时地发送、接收信息。阿里旺旺具备了查看交易历史、了解对方信用情况、个人信息、头像、多方聊天等一般聊天工具所具备的功能。

登录
界面

使用方法
与QQ类似

图1-8 阿里旺旺使用界面

● 安全制度

淘宝网注重诚信安全方面的建设，引入了实名认证制，并区分了个人用户与商家用户认证，两种认证需要提交的资料不一样，个人用户认证只需提供身份证明，商家认证还需提供营业执照，一个人不能同时申请两种认证。淘宝同样引入了信用评价体系，点击还可查看该卖家以往的信用评价，如图1-9所示。

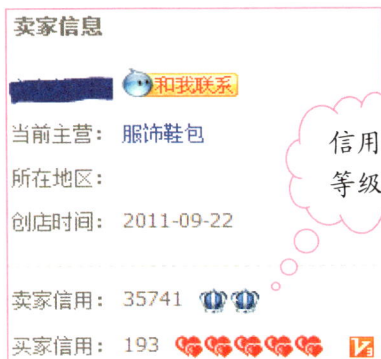

信用
等级

图1-9 淘宝信用评价体系

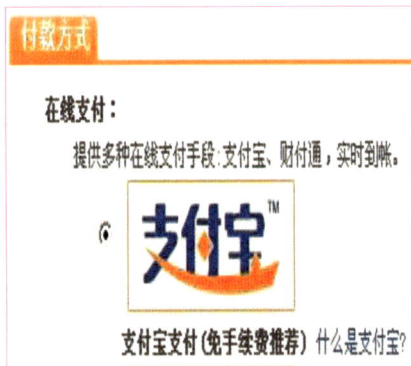

图1-10 淘宝付款方式——支付宝

对于买卖双方在支付环节上的交易安全问题，淘宝推出了支付宝担保的付款发货方式，以此来降低交易的风险。支付宝特别适用于电脑、手机、首饰及其他单价较高的物品交易或者一切希望对安全更有保障的交易。在淘宝使用支付宝是免费的，即用户用支付宝支付商品货款时，用户不用支付汇费。图 1-10 所示为淘宝网的支付宝付款方式。

开店流程简介

选择了淘宝网作为开店平台，那么首先应该了解淘宝网的开店及交易的基本流程。这个流程主要包括：注册淘宝会员、通过实名认证、发布申请开店、准备商品、发布商品信息、进行交易、售后评论，至此完成开店的全过程。

一、开店流程

1. 登陆淘宝网，通过邮箱注册方式，免费注册成为淘宝会员。申请淘宝支付宝，通过支付宝的实名认证。

2. 准备货源，可以到批发市场或者阿里巴巴进货。发布商品照片，申请免费开店，成功后发布商品信息，开始正式营业。

3. 与网上买家通过阿里旺旺等联系方式进行沟通和交易。

4. 交易完成后，对交易对象进行信用评价。流程如图 1-11 所示。

图 1-11　淘宝网上开店流程图

二、交易流程

淘宝网上交易流程不同于传统交易流程，在淘宝上交易基本上通过支付宝交易来保证交易安全的，如图 1-12 所示。支付宝使用的是"第三方担保交易模式"，这种交易模式的步骤为：

1. 买家在淘宝网上拍下中意的商品；

2. 买家将货款打到支付宝账户；

3. 由支付宝向卖家通知发货；

4. 买家收到商品确认后通知支付宝将货款付给卖家。

图1-12　淘宝网上交易流程图

至此，在淘宝网上就完成了一笔网络生意。

硬件配置准备

了解完一些基础知识之后，让我们开始着手准备网上开店的一些必要条件。首先需要准备的便是一些硬件配置和设备，主要包括：方便携带的电脑和网络，拍摄商品用的数码相机或手机，移动电话等，必要时可配置一台扫描仪来扫描图片，如图1-13 所示。

图1-13　开网店的硬件准备

● 电脑和网络

开网店做生意，前提条件是可以上网，所以电脑是用于上网必不可少的硬件配置。电脑用于网上查询信息、与买家沟通交易、管理店铺、转账汇款等业务。当然稳定畅通的网络也必不可少，保持信息互通稳定。如果条件允许的话，建议使用笔记本电脑，这样就可以随时随地在有无线网的情况下在网店上做生意，方便又快捷。

● 数码相机

数码相机也是开网店必备硬件之一，主要是因为网上购物的选择性主要取决于商品图片的好坏，买家的视觉感受决定购物欲望，所以，优质的商品图片会促进网店生意的兴旺。

● 联系电话

移动电话主要用于联系进货与物流快递等方面，有时也可以用于与买家的交流沟通，毕竟电话交流要比文字交流更加方便。

● 扫描仪

当商品有现成的图片时，就不需要用数码相机去照相了，只需用扫描仪将图片扫描到电脑里即可。

应用软件准备

网页浏览器

阿里旺旺卖家版

工行网银助手

光影魔术手4

图 1-14　软件

准备好必备的硬件之后，网上开店还需要一些基本的应用软件来辅助，主要是电脑上安装的一些软件，例如上网工具、聊天工具、网银交易工具、图片处理工具等软件。各软件的标志性图标如图1-14所示。

● 上网工具——Internet Explorer

网页浏览器，上网必备软件，用于打开网页来登录淘宝网。另外，还可以使用360浏览器、搜狗高速浏览器等。

● 聊天工具——阿里旺旺

阿里旺旺是淘宝网的基本聊天工具，淘宝网绝大多数的交易沟通都是通过阿里旺旺来进行的，有时候淘宝网也会通过阿里旺旺给卖家发出提醒消息。可以说，学会使用阿里旺旺是开好淘宝店的一大前提。另外，卖家也可以使用QQ或微信等聊天工具来与买家交流。

● 网银交易工具——网银助手

网银交易工具是辅助网上银行交易的一系列软件，根据所使用银行的不同而定，例如工商银行的工行网银助手等，其主要功能是为了保证网上交易的安全。

● 图片处理工具——"光影魔术手"等

　　商品照片的好坏直接影响着买家的购买欲，当一些照片拍得不理想时，可以使用图片处理工具处理一下再发布照片。"光影魔术手"是一个对数码照片画质进行改善和效果处理的软件，简单易用，无需专业知识和技术，很适合开网店的广大人群使用。另外，还可使用同类别的美图秀秀及更专业一点的Photoshop等图片处理软件。

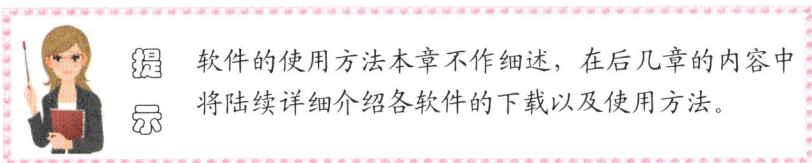

> 提示　软件的使用方法本章不作细述，在后几章的内容中将陆续详细介绍各软件的下载以及使用方法。

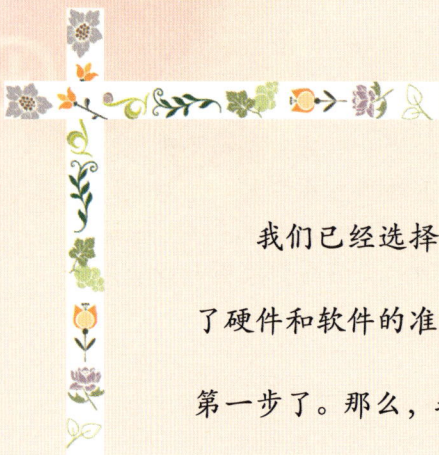

我们已经选择了淘宝作为网上开店平台，又做好了硬件和软件的准备，就可以迈出开网店实际操作的第一步了。那么，我们开网店做生意的第一步需要做哪些呢？

首先，当然要有自己的网店，这个步骤需要我们注册淘宝会员，而注册淘宝会员需要电子邮箱。淘宝会员与支付宝需要经历一系列的开通、激活、申请与认证过程。之后，还需要安装淘宝的阿里旺旺和淘宝助理软件等。

这些步骤都是开网店做生意的基础，那么本章就将介绍这些开店前最基本也是最重要的工作。

第二章
注册淘宝与支付宝

本章学习目标

◇ **注册淘宝会员**

　　了解淘宝会员的注册方法和流程，包括申请网易邮箱与注册淘宝会员。

◇ **开通支付宝账户**

　　了解支付宝在网店中的作用，以及支付宝的激活与实名认证等。

◇ **网银为支付宝充值**

　　简要介绍网上银行，以及如何使用网上银行为支付宝充值。

◇ **安装淘宝工具**

　　介绍淘宝开店的辅助工具——阿里旺旺和淘宝助理。

注册淘宝会员

　　无论我们在淘宝上购物还是开网店做生意，都需要一个账号支持，这个账号就是我们需要注册申请的淘宝会员。如果你从来没有在淘宝上买过东西或是开店，第一次准备开网店，那么我们首先从申请电子邮箱开始，一步步地讲解如何成为淘宝会员。

一、申请电子邮箱

　　目前淘宝支持的注册方式有两种：手机注册和电子邮箱注册。由于电子邮箱的普及率较高和它的方便实用与稳定，我们选择用电子邮箱注册淘宝会员。

　　如果你已拥有了一个常用的电子邮箱，那么可以忽略此步骤。如果你还没有电子邮箱，那么可以新申请一个电子邮箱。目前常用的免费电子邮箱有新浪邮箱、网易邮箱、QQ 邮箱等，我们选择相对简单而实用的网易 126 邮箱，来介绍如何申请邮箱。

　　1. 打开网页浏览器，在地址栏中输入：http://email.126.com/。
　　2. 在打开的界面中，单击【注册】选项，如图 2-1 所示。

图 2-1　网易邮箱登录界面

3. 填写用户名、密码以及验证码，单击【立即注册】，如图 2-2 所示。邮件地址一栏中可填写任意字母与数字，此地址为今后登录的账号，请牢记。

图 2-2　创建邮箱账号

4. 为了邮箱的安全考虑，可以进行手机验证码验证。在手机号码一栏中输入你的手机号码，单击【免费获取验证码】，待收到短信提示后，在验证码一栏中输入短信提示的验证码，单击【提交】，邮箱就申请成功了，如图 2-3 所示。

图 2-3　邮箱手机验证

二、注册淘宝会员

邮箱注册成功后，我们就用这个邮箱继续来注册淘宝会员。

1. 在浏览器地址栏输入淘宝网网址：http://www.taobao.com/，单击页面最上方的小字【免费注册】，如图2-4所示。

图 2-4 选择"免费注册"

2. 在出现的页面上填写注册信息，为了方便记忆，可以填写与邮箱地址相同的会员名称，填好之后，单击【同意协议并注册】，如图2-5所示。

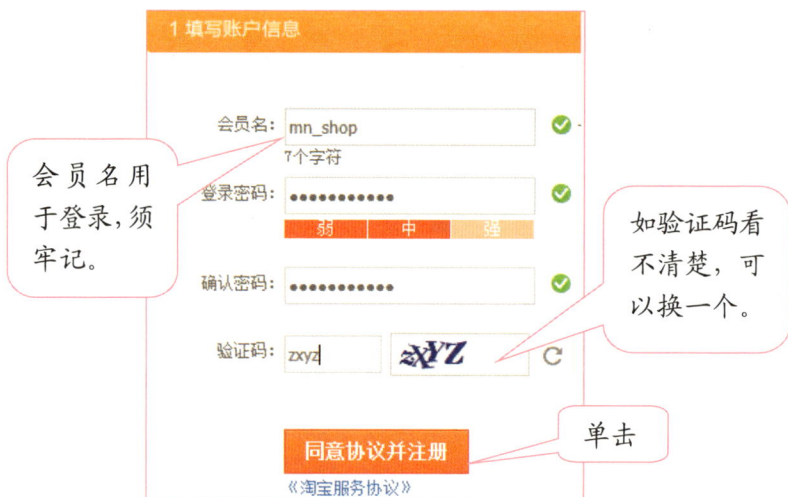

图 2-5 填写账户信息

3. 淘宝系统默认的注册方式为手机注册，我们只需单击下方的【使用邮箱验证】即可，填写好刚注册的邮箱地址后，单击【提交】，如图2-6所示。

图 2-6 切换邮箱验证方式

4. 这时页面中央会提示我们输入手机号码,此处是淘宝系统为日后的工作需要设定的，我们可以放心填写。填写之后单击【提交】。

5. 提交之后我们会在手机上收到一条短信,按短信内容输入验证码后,单击【验证】，如图 2-7 所示。

图 2-7　手机号码验证

6. 验证成功之后，淘宝系统会给我们的邮箱发送一封激活信，如图 2-8 所示。单击【去邮箱激活验证】，然后登录我们刚申请的 126 邮箱，发现左侧收件箱有 1 封新邮件。

7. 单击【收件箱】，在右侧找到来自淘宝网的信件，单击打开它，如图 2-9 所示。

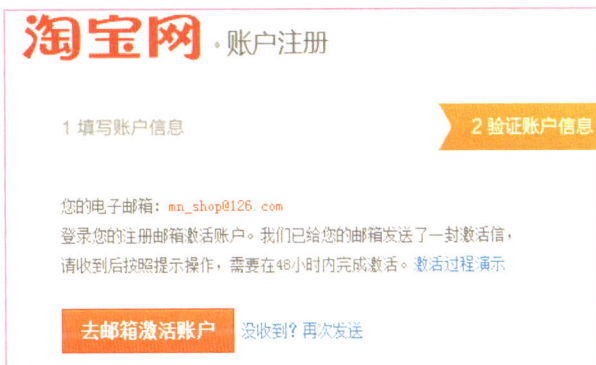

图 2-8　验证成功需激活

图 2-9　在邮箱中打开激活信件

8. 在打开的信件中单击【完成注册】，如图 2-10 所示。

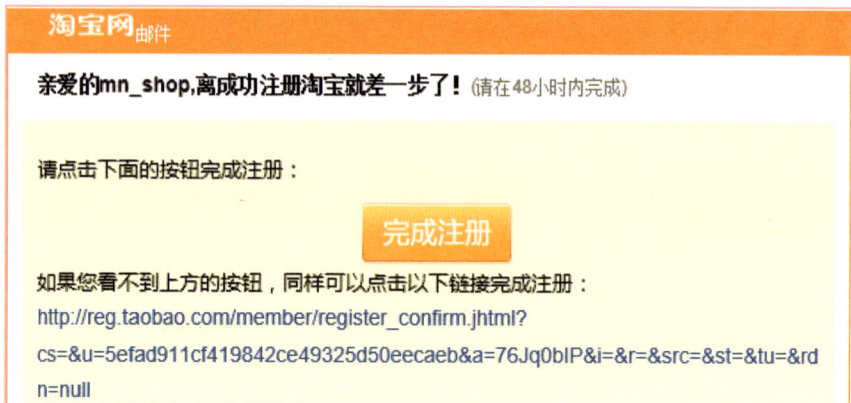

图 2-10　激活信内容

9. 成功注册。注册成功后，将会看到如图 2-11 所示字样。

图 2-11　账户注册成功开通

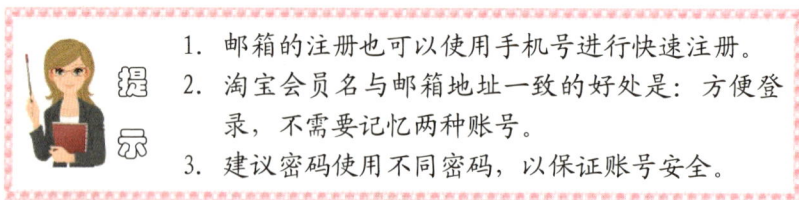

1. 邮箱的注册也可以使用手机号进行快速注册。
2. 淘宝会员名与邮箱地址一致的好处是：方便登录，不需要记忆两种账号。
3. 建议密码使用不同密码，以保证账号安全。

开通支付宝账户

完成淘宝会员注册之后，为了保障网络交易的安全，下一步我们要学习如何使用淘宝支付宝。

一、什么是支付宝

浙江支付宝网络技术有限公司，原名支付宝（中国）网络技术有限公司，是国内领先的独立第三方支付平台，由阿里巴巴集团在 2004 年 12 月创立，是阿里巴巴集团的关联公司。支付宝（alipay）致力于为中国电子商务，提供"简单、安全、快速"的在线支付解决方案。

支付宝最初作为淘宝网公司为了解决网络交易安全所设的一个功能，该功能为首先使用的"第三方担保交易模式"，由买家将货款打到支付宝账户，由支付宝向卖家通知发货，买家收到商品确认后指令支付宝将货款放于卖家，至此完成一笔网络交易。

二、开通支付宝

1. 当我们成功注册淘宝会员之后，会在注册的电子邮箱中收到另外一封名为"支付宝"的电子邮件，单击打开它，如图 2-12 所示。

图 2-12　免费获得支付宝账户

2. 打开后会看到淘宝网给我们的一系列信息，单击【立即登录支付宝】。

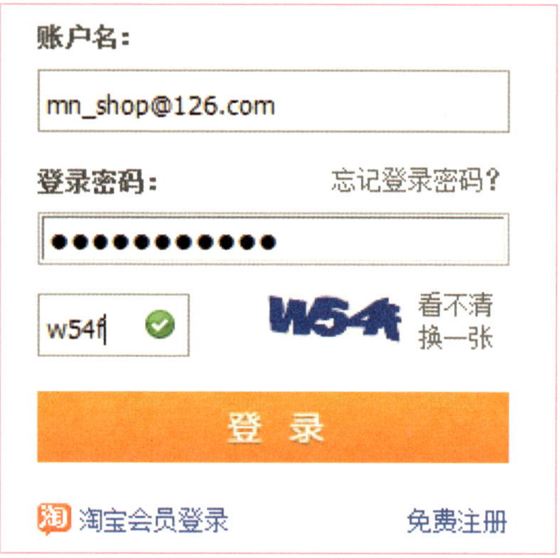

账户名：

mn_shop@126.com

登录密码：　　　　　　忘记登录密码？

●●●●●●●●●●●

w54f ✓　　**W54f**　看不清
　　　　　　　　　　　换一张

登 录

淘宝会员登录　　　　　　免费注册

图 2-13　账户名登录

3. 输入邮箱地址、登录密码以及验证码之后，单击【登录】，如图 2-13 所示。

4. 这时会看到页面上提示我们的账户信息不完整，需要我们补全个人信息，包括支付密码（与安全密码不同，此密码是用于支付款额时使用）、安全保护问题（用于遗忘密码时回答问题将密码找回）以及一些身份证件号等真实的个人信息等。将这些信息都填充完整之后，单击【确定】，这样我们就成功地开通了支付宝服务，如图 2-14 所示。

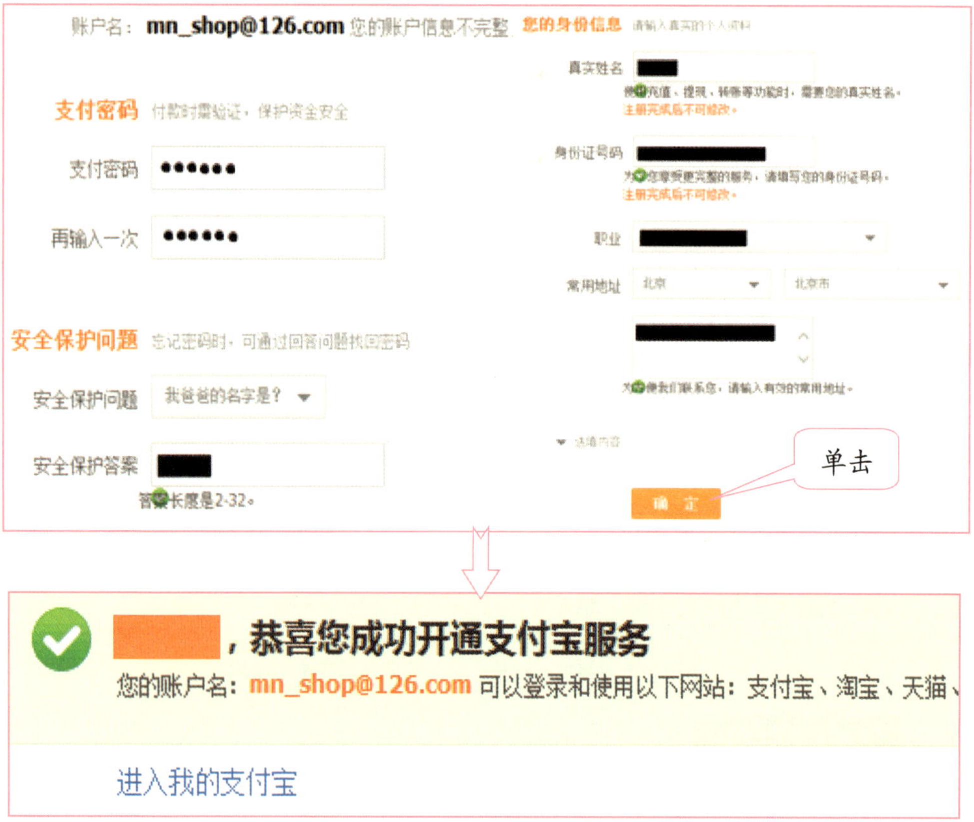

账户名：**mn_shop@126.com** 您的账户信息不完整　**您的身份信息** 请输入真实的个人资料

支付密码 付款时需验证，保护资金安全

支付密码　●●●●●●

再输入一次　●●●●●●

安全保护问题 忘记密码时，可通过回答问题找回密码

安全保护问题　我爸爸的名字是？ ▼

安全保护答案　■■■■
答案长度是 2-32。

真实姓名　■■■■

身份证号码　■■■■

职业　　　　　　　　　　▼

常用地址　北京 ▼　　北京市　　　▼

单击

确 定

✓　■■■■，**恭喜您成功开通支付宝服务**

您的账户名：**mn_shop@126.com** 可以登录和使用以下网站：支付宝、淘宝、天猫、

进入我的支付宝

图 2-14　完善信息与成功开通支付宝

三、申请支付宝实名验证

成功开通支付宝之后，在图2-14中，单击【进入我的支付宝】，就会进入到淘宝支付宝的主页上，如图2-15所示。

图2-15 支付宝主页

在主页上我们不仅可以看见自己的个人信息，而且还能看见自己支付宝安全等级的高低、账户余额、支付宝应用等信息。由于我们刚开通支付宝，可以看见目前的安全等级为"低"。要在网上开店做生意的话，仅仅开通了支付宝是远远不够的，因为我们的支付宝通常是用来收款的，但是收款必须经过支付宝实名认证才能进行。申请实名认证的方法如下：

1. 在图2-15上方，单击【实名认证】。

2. 出现图2-16的界面后，单击【立即申请】。

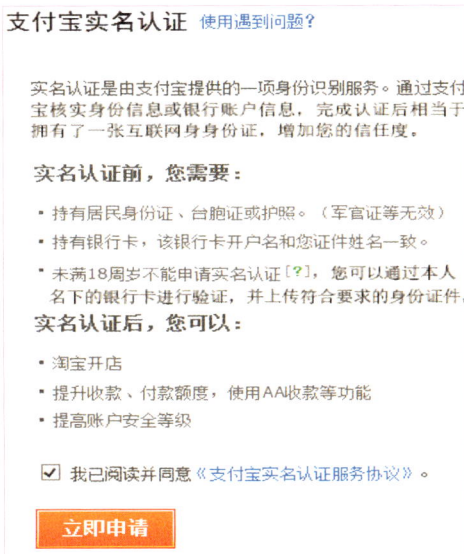

图2-16 申请实名认证

3. 页面上会出现【快捷认证】和【普通认证】两种实名认证方式供我们选择。从提示中我们可以看到，快捷认证仅适用于个人用户，不需要网银就可以即时开通。而针对淘宝卖家的认证则需要1~3个工作日，由于我们需要成为淘宝卖家，所以我们选择普通认证。单击【普通认证】方框下的【立即申请】，见图2-17。

图2-17　快捷认证与普通认证

图2-18　填写个人信息

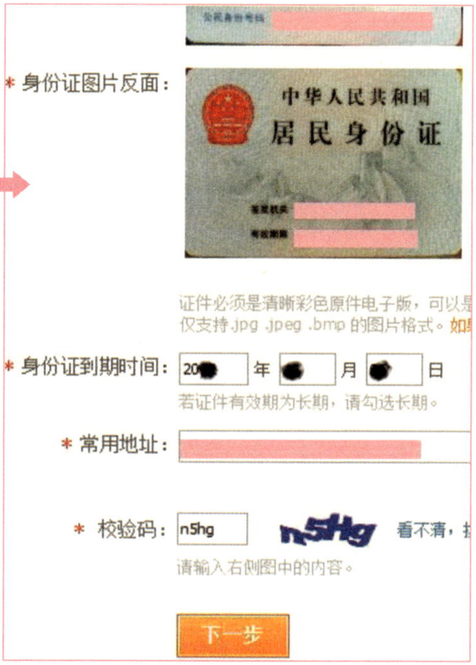

4. 普通实名认证需要准备好申请者本人的二代身份证图片（正反面），用于上传认证。照片一定要清晰、可辨，并将两张图片上传到电脑上以备申请实名认证时使用。

5. 参照图2-18所示操作，认真填写出现在页面中的联系方式（手机号码与固定电话二选一）、常用联系地址、验证码等信息，并分别上传身份证图片正反面。完成后单击【下一步】。

6. 如图 2-19 所示，在出现的界面上，在银行开户名上会默认为你注册支付宝时的姓名，此时你必须选择用此姓名开户的银行卡作为支付宝认证的银行卡信息而填写，并在准确地填写你的银行卡号后，单击【下一步】。

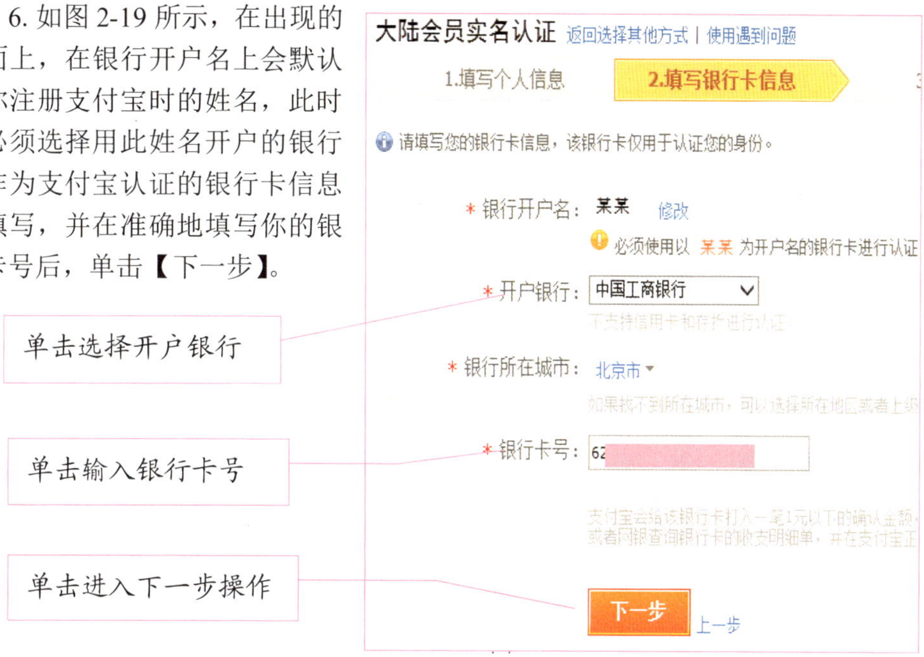

单击选择开户银行

单击输入银行卡号

单击进入下一步操作

图 2-19　填写银行卡信息

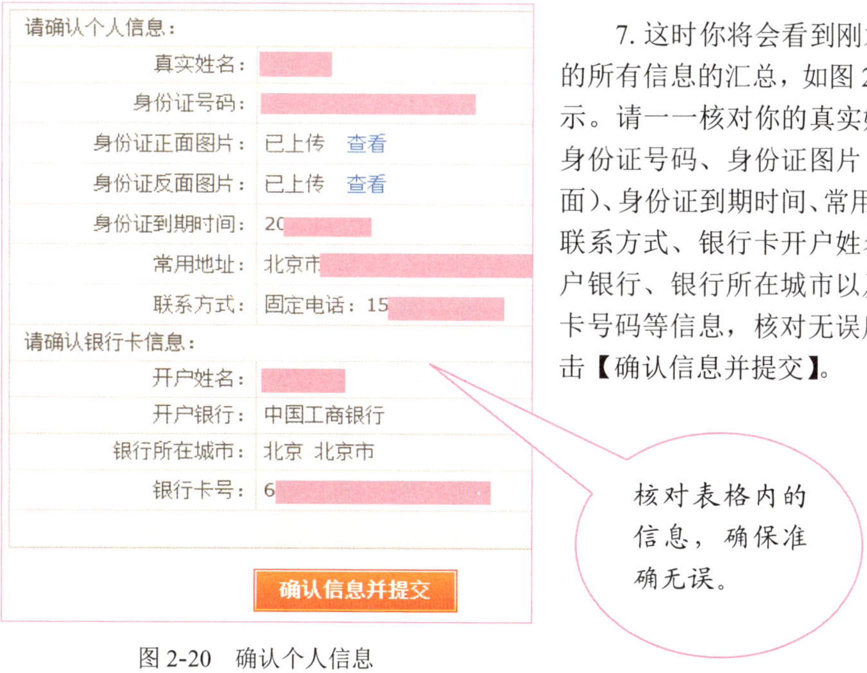

图 2-20　确认个人信息

7. 这时你将会看到刚才填写的所有信息的汇总，如图 2-20 所示。请一一核对你的真实姓名、身份证号码、身份证图片（正反面）、身份证到期时间、常用地址、联系方式、银行卡开户姓名、开户银行、银行所在城市以及银行卡号码等信息，核对无误后，单击【确认信息并提交】。

核对表格内的信息，确保准确无误。

8. 如图 2-21 所示，认证申请成功。等待支付宝给银行卡汇款，这个时间长度一般为 1~2 个工作日，届时可到银行查询你的银行卡汇入的金额（非银行卡余额）。

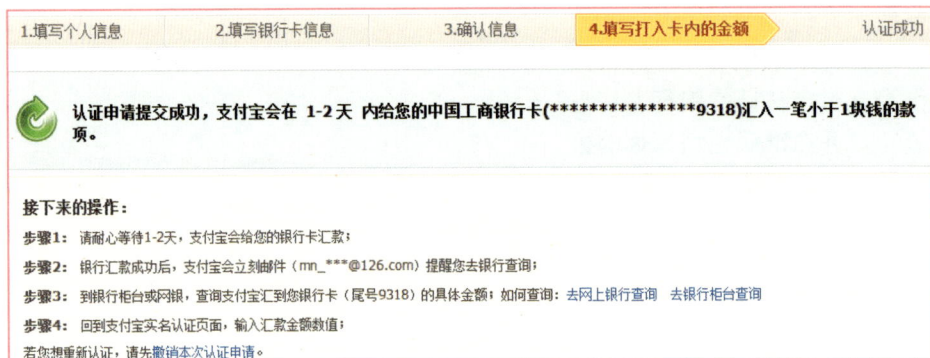

| 1.填写个人信息 | 2.填写银行卡信息 | 3.确认信息 | **4.填写打入卡内的金额** | 认证成功 |

认证申请提交成功，支付宝会在 **1-2 天** 内给您的中国工商银行卡(***************9318)汇入一笔小于1块钱的款项。

接下来的操作：
步骤1：请耐心等待1-2天，支付宝会给您的银行卡汇款；
步骤2：银行汇款成功后，支付宝会立刻邮件（mn_***@126.com）提醒您去银行查询；
步骤3：到银行柜台或网银，查询支付宝汇到银行卡（尾号9318）的具体金额；如何查询：去网上银行查询　去银行柜台查询
步骤4：回到支付宝实名认证页面，输入汇款金额数值。
若您想重新认证，请先撤销本次认证申请。

图 2-21　认证申请提交成功

9. 支付宝给银行卡汇入金额的同时，也会给你的电子邮箱发送一封邮件，通知已汇款至你的账户中，请尽快确认查收，如图 2-22 所示。单击打开这封电子邮件。

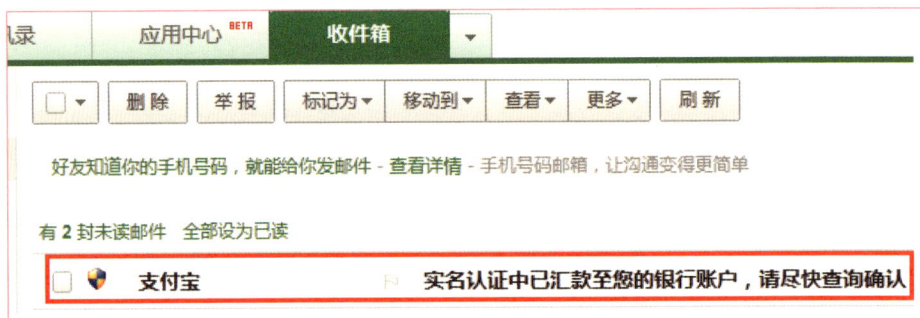

图 2-22　收到汇款通知的电子邮件

10. 在出现的图 2-23 界面中，单击【点此立即去确认收到的金额】。

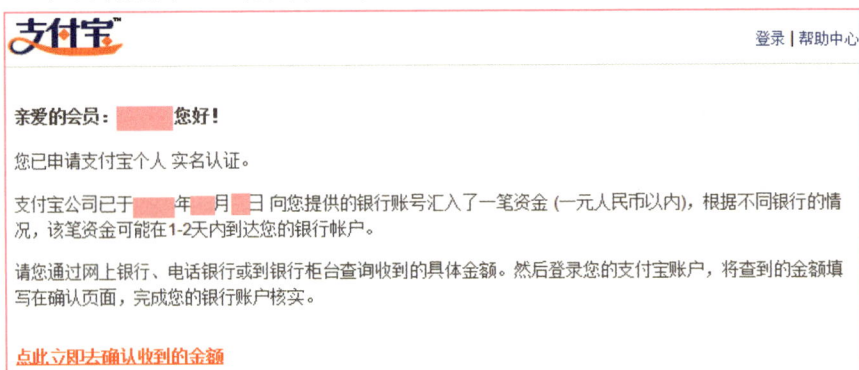

图 2-23　汇款通知邮件内容

11. 页面转到确认金额的页面，如图 2-24 所示，单击【输入查询到的金额】（在此之前要去银行查询支付宝给你的汇款，本次汇款为 0.10 元）。

支付宝已向您的 中国工商银行卡(***************9318)汇入一笔小于1块钱的款项。

请到银行查询来自支付宝的汇款金额，注意金额小于1元。

如何查询：去网上银行查询　去银行柜台查询

您现在可以：　　**输入查询到的金额**　　若您想重新认证，请先 撤销本次认证申请。

图 2-24　确认汇款金额

12. 在图 2-25 的方框内输入你的银行卡实际收到的金额（本次为 0.10 元）后，单击【确认】按钮。

开户银行：**中国工商银行**

银行卡号：*****************9318**

支付宝已于　　年　月　日向该银

银行卡收到的金额：0.10　　× 元

单击并输入收到的金额

⚠ 您有2次输入金额的机会。

确认　　单击

图 2-25　输入汇款金额

13. 输入正确金额数目后，并且身份证件验证成功，那么到此我们就通过了支付宝实名认证，如图 2-26 所示。

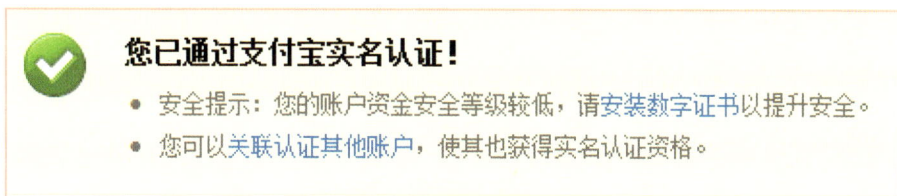

您已通过支付宝实名认证！

- 安全提示：您的账户资金安全等级较低，请安装数字证书以提升安全。
- 您可以关联认证其他账户，使其也获得实名认证资格。

图 2-26　实名认证成功

四、申请支付宝数字证书

实名认证成功之后，可以看到图 2-26 中的提示"您的账户资金安全等级较低，请安装数字证书以提升安全。"

也许有很多新手对这个"数字证书"还带着满脑子疑问，感觉很神秘，我们可以把它想象成一种类似钥匙功能的东西，用以增强账户使用安全。数字证书还具有安全、保密、防篡改的特性，在某台电脑上（可以将证书备份到多台电脑上）为某个支付宝账户申请了数字证书后，即使泄露了支付宝密码，他人也无法盗取、挪用支付宝账户中的金额。当然，注意密码的安全性仍然是必要的。

1. 在图 2-26 的页面中单击【安装数字证书】，在图 2-27 出现的界面中单击【申请数字证书】按钮。

当你更换电脑或系统时，需重新安装数字证书以保证支付宝能够正常使用

数字证书 （免费）

申请后，账户安全等级为：高，支付额度：20000元

申请数字证书后，只能在安装数字证书的电脑上支付。当您换电脑或重装系统时，只需手机校验即可重新安装数字证书，所以确保您在支付宝绑定的手机可以正常使用。

支持的操作系统：
Windows XP /Vista /7 ; Mac OS X 10.7及以上版本
支持的浏览器：
Windows： 32位浏览器（暂不支持64位浏览器）
Mac OS X ： Safari /Chrome /Firefox 浏览器

申请数字证书

数字证书对账户安全和支付额度有影响

图 2-27　申请数字证书

2. 申请证书必须与手机绑定，在图 2-28 方框中输入手机号码和验证码之后，单击【免费获取校验码】按钮。

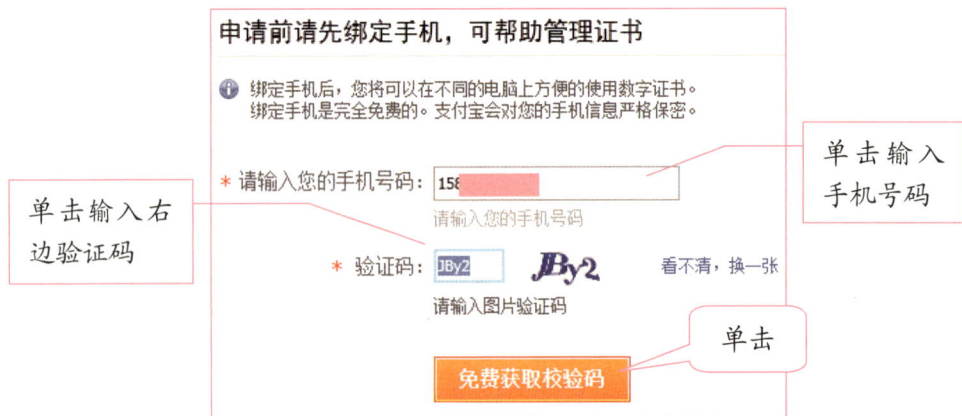

申请前请先绑定手机，可帮助管理证书

绑定手机后，您将可以在不同的电脑上方便的使用数字证书。绑定手机是完全免费的。支付宝会对您的手机信息严格保密。

* 请输入您的手机号码： 158
请输入您的手机号码

单击输入右边验证码

* 验证码： JBy2　**JBy2**　看不清，换一张
请输入图片验证码

单击输入手机号码

免费获取校验码

单击

图 2-28　绑定手机

3. 在图 2-29 出现的界面输入你的支付宝支付密码（不是登录密码）以及手机上收到的 6 位校验码，之后单击【确认绑定】。

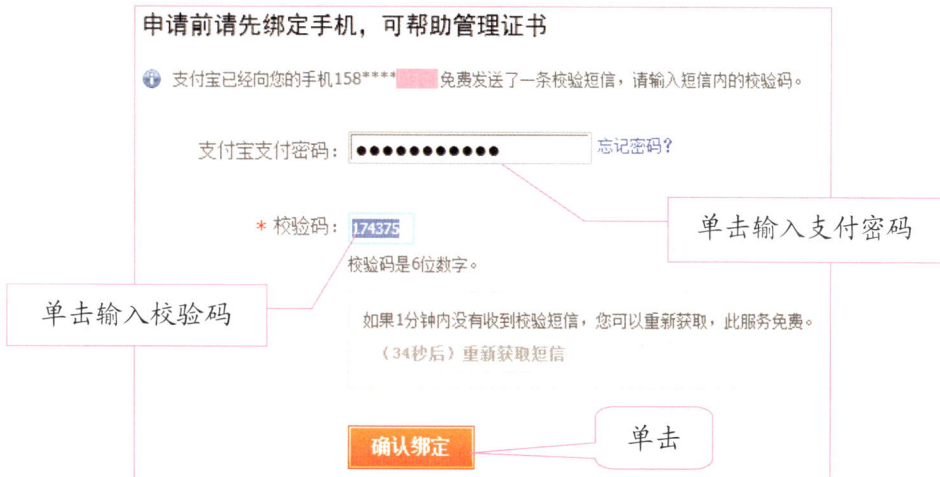

图 2-29 用支付密码与校验码绑定手机

4. 提示绑定成功后，如图 2-30 所示。单击【继续申请数字证书】按钮。

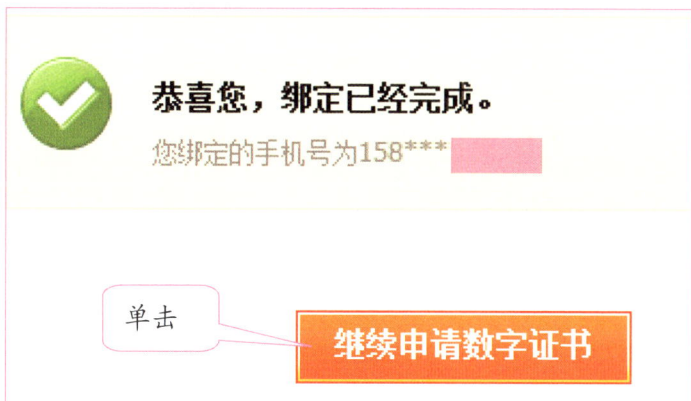

图 2-30 手机绑定完成

提示　手机绑定成功之后，请确认你的手机能够正常使用，为了保障账户安全，当你在不同的电脑上使用数字证书时，淘宝会要求你输入手机短信校验码。

5. 如图 2-31 所示，页面转入安全校验界面，输入实名认证时的身份证号码，选择你常使用的上网地点，输入验证码后，单击【提交】按钮。

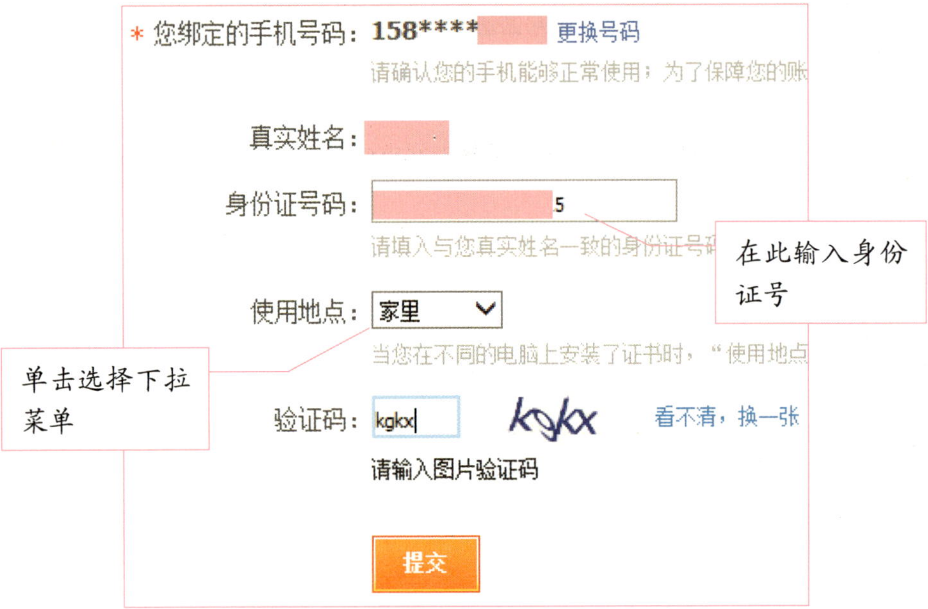

* 您绑定的手机号码：158****   更换号码

请确认您的手机能够正常使用；为了保障您的账

真实姓名：

身份证号码：   5

请填入与您真实姓名一致的身份证码

> 在此输入身份证号

使用地点： 家里 ▼

当您在不同的电脑上安装了证书时，"使用地点

> 单击选择下拉菜单

验证码： kgkx   *kgkx*   看不清，换一张

请输入图片验证码

提交

图 2-31　安全校验

6. 提交之后支付宝会再一次向你的手机发送一条校验信息，在校验码方框中输入手机收到的 6 位数字校验码后，单击【确定】，如图 2-32 所示。

ⓘ 支付宝已经向您的手机158****   免费发送了一条校验短信，请输入短信内的校验码。

· 如此手机不能正常接收短信，您可以 更换手机号码

手机号码： **158******

支付宝已向此手机发送了校验码短信，请查看您的手机短信！

* 校验码： 771428

如果1分钟内没有收到校验短信，您可以重新获取，此服务免费。

（28秒后）重新获取短信

确 定

图 2-32　输入手机校验码

7. 点击【确定】之后，系统会自动在你的计算机上安装数字证书，稍作等待，页面便会提示你"数字证书已经安装成功"，如图 2-33 所示。但此时的安全等级依旧较低，可单击【升级安全保护问题】按钮对安全等级进行升级。

申请数字证书

✅ **恭喜您，数字证书已经安装成功。**

您的账户已受数字证书保护，当账户进行资金变动操作时（如：付款、确认收货等了您的数字证书。

若您在其他电脑上使用您的账户资金，需要在其他电脑上也安装您的数字证书。

管理数字证书 | 安全中心 | 我要提建议

建议您升级安全保护问题。

- 当您在不同的电脑上使用数字证书时，安全保护问题将作为您身份校验的通道之一。
- 升级安全保护问题将提升您账户整体的安全性。

升级安全保护问题

图 2-33　数字证书安装成功

8. 这时页面中会出现两种修改安保问题的方式，如图 2-34 所示。系统推荐的通过"证书+安全保护问题"的方式比较轻松简便；而通过人工服务的方式既要上传身份证图片等操作，又要消耗等待审核通过的时间等，相对来说比较烦琐。所以我们选择前者作为修改方式，单击上方的【立即修改】按钮。

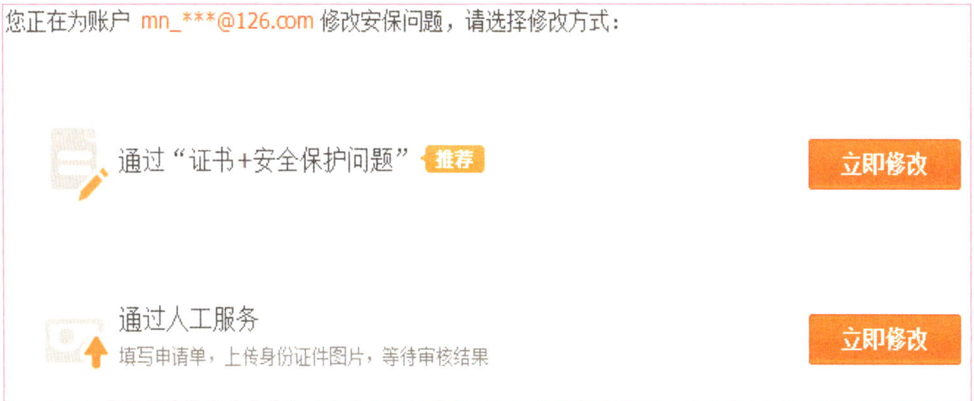

您正在为账户 mn_***@126.com 修改安保问题，请选择修改方式：

通过"证书+安全保护问题" 推荐 　　　　　　　　　立即修改

通过人工服务
填写申请单，上传身份证件图片，等待审核结果　　　　立即修改

图 2-34　选择修改安保问题的方式

9. 在图 2-35 出现的界面中根据提示输入密码保护问题的答案，单击【下一步】。

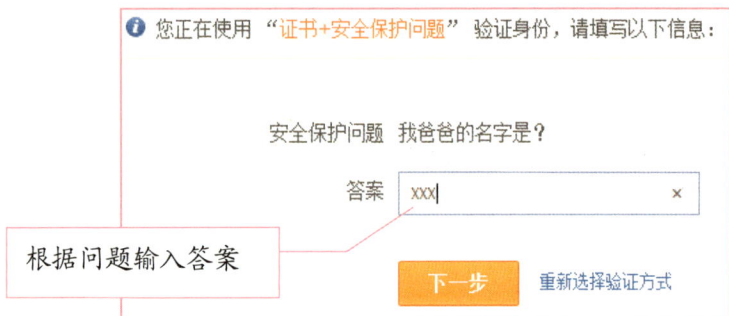

图 2-35　验证身份

10. 修改安保问题共要设置 3 个安全问题，如图 2-36 所示。安全问题的作用是当你的账号出现被盗，或者遗忘密码的时候用来找回密码的途径之一，请务必牢记你所设置问题的答案，以备在账号出现意外时使用。分别在下拉菜单中自由选择不同的安全问题，并相应地在下方文本框内输入对应的答案，完毕后单击【下一步】。

图 2-36　修改安保问题

11. 核对你所选择的问题以及答案无误后，单击【确定】按钮，你的安保设置就已经成功了，如图 2-37 所示。

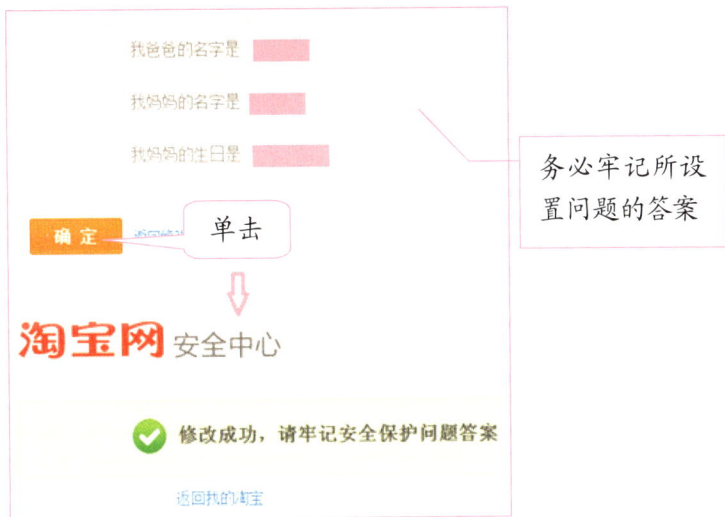

图 2-37　安全保护问题修改成功

12. 单击【返回我的淘宝】，如图 2-38 所示，可以在主页上看见自己支付宝的安全等级，而且还可以发现有很多安全保护的方式，如果卖家依然不放心自己的网络安全，可以自行选择想要开通的保护方式，根据网页提示按步骤填写，在此不再一一赘述。

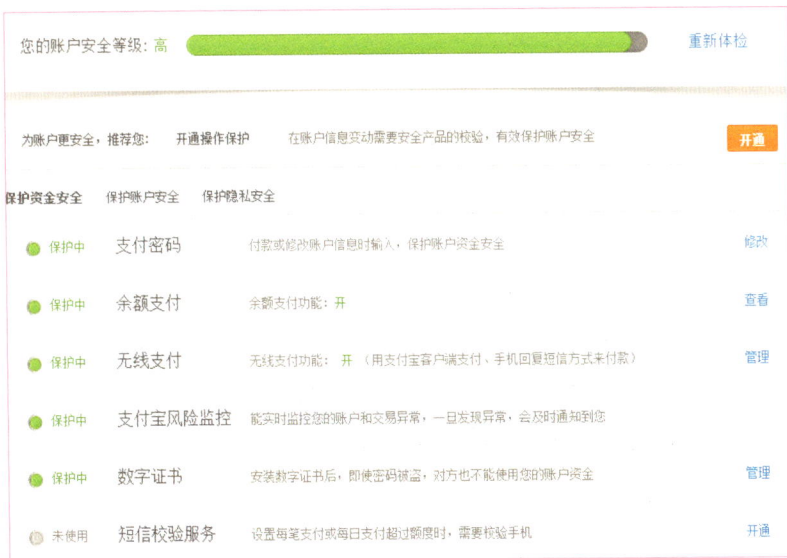

图 2-38　多种多样的安全保护方式

网银为支付宝充值

　　网上银行又称网络银行、在线银行，是指银行利用 Internet 技术，通过 Internet 向客户提供开户、查询、对账、行内转账、跨行转账、信贷、网上证券、投资理财等传统服务项目，使客户可以足不出户就能够安全便捷地管理活期和定期存款、支票、信用卡及个人投资等。可以说，网上银行是在 Internet 上的虚拟银行柜台。

　　一般说来，网上银行的业务品种主要包括基本业务、网上投资、网上购物、个人理财、企业银行及其他金融服务。而商业银行的网上银行设立的网上购物协助服务，大大方便了客户网上购物，为客户在相同的服务品种上提供了优质的金融服务或相关的信息服务，加强了商业银行在传统竞争领域的竞争优势。

　　想要通过支付宝进行网上交易的话，支付宝账户里就需要有足够的金额。然而诸多银行都有网上银行的业务，这里我们以使用中国工商银行网银为例，说明如何使用网银为支付宝充值。

　　1. 打开 IE 浏览器，在地址栏中输入：https://www.alipay.com/，按下键盘上的【Enter】键，登录支付宝首页。在图 2-39 页面右边输入前面章节申请好的账户名和密码，单击【登录】按钮。

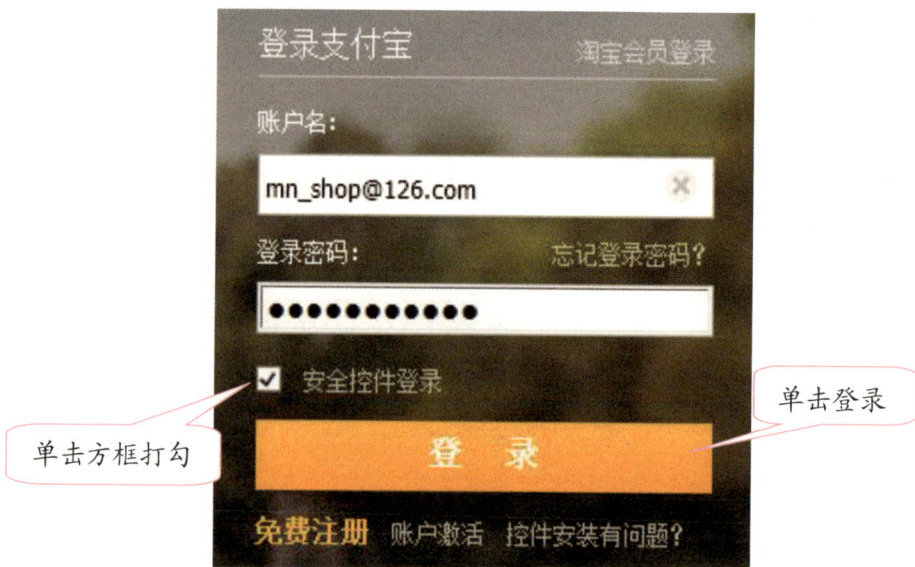

图 2-39　登录支付宝

2. 在支付宝主页上，我们可以看到目前支付宝的账户余额为 0.00 元，如图 2-40 所示。单击【充值】按钮。

账户余额：

0.00 元　　【 充 值 】　【 提 现 】　【 转 账 】

余额宝 [?]：

0.00 元　　【 转 入 】　余额宝，会赚钱的支付宝 详情

更多账户　理财专户：管理　　阿里账户：2 个　　通讯账户：0 个

图 2-40　账户余额显示

3. 在图 2-41 的界面中，单击"中国工商银行"前的小圆圈后，单击页面下方的【下一步】。

ℹ️ 充值资金不能用于提现。

充值账户：mn_shop@126.com
账户余额：0.00元

请选择充值方式：　　**储蓄卡**　　支付宝卡　　消费卡　　充值码

快捷**支付** 72小时100%赔付　　畅 付款过程安全流畅　　单击

○ 中国农业银行 AGRICULTURAL BANK OF CHINA　　◉ 中国工商银行 INDUSTRIAL AND COMMERCIAL BANK OF CHINA　　○ 中国建设银行 China Construction Bank

○ 中国银行 BANK OF CHINA　　○ 招商银行 CHINA MERCHANTS BANK　　○ 交通银行 BANK OF COMMUNICATIONS

图 2-41　选择充值方式

4. 在图 2-42 中，填写你开户银行的储蓄卡号（开户人身份证必须与支付宝注册身份证一致），开户人手机号以及充值金额 100 元等，单击付款校验码后的【免费获取】，输入手机收到的 6 位数字的校验码后，单击【同意协议并充值】。

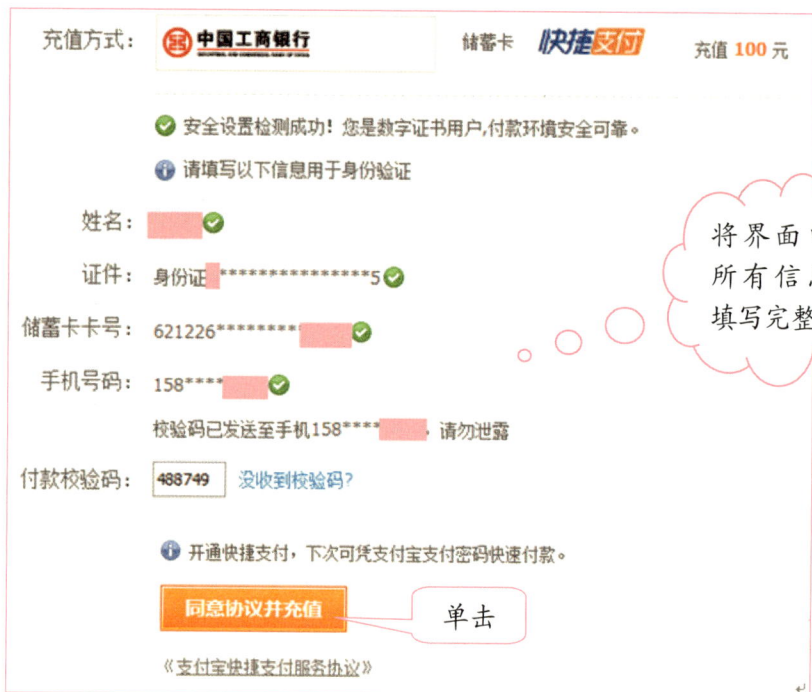

充值方式：中国工商银行　储蓄卡　快捷支付　充值 100 元

✅ 安全设置检测成功！您是数字证书用户,付款环境安全可靠。

ℹ️ 请填写以下信息用于身份验证

姓名：✅

证件：身份证 ********5 ✅

储蓄卡卡号：621226******** ✅

手机号码：158**** ✅

校验码已发送至手机158****，请勿泄露

付款校验码： 488749　没收到校验码?

ℹ️ 开通快捷支付,下次可凭支付宝支付密码快速付款。

同意协议并充值　单击

《支付宝快捷支付服务协议》

将界面中所有信息填写完整

图 2-42　填写银行卡信息

5. 交易立刻成功，我们已经为支付宝成功充值 100 元。图 2-43 显示充值成功。

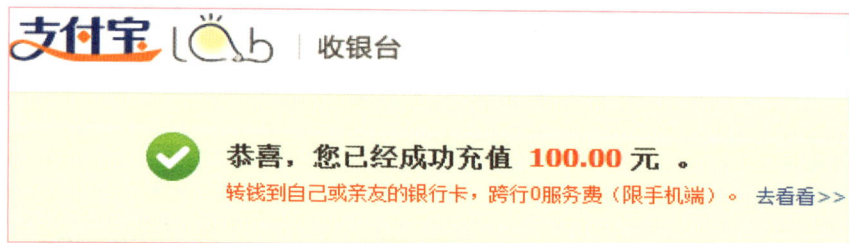

支付宝 收银台

✅ 恭喜，您已经成功充值 **100.00** 元 。
转钱到自己或亲友的银行卡，跨行0服务费（限手机端）。 去看看>>

图 2-43　充值成功

6. 回到支付宝主页后，可以发现支付宝的余额显示在如图 2-44 所示的页面上。

晚上好，　尽情享受属于你自己的时间吧

账户名：mn_shop@126.com

安全等级： 高

账户余额： **100.00** 元　充值　提现　转账

余额宝 [?]：

图 2-44　账户余额显示

安装淘宝工具

网上开店使用的淘宝工具主要包括阿里旺旺和淘宝助理。阿里旺旺是淘宝网的主要聊天和交易工具；而淘宝助理是专门用于方便快捷管理店铺商品的辅助工具。

一、安装阿里旺旺

阿里旺旺是一款聊天工具，使用方法有些类似于腾讯 QQ。阿里旺旺是将原先的淘宝旺旺与阿里巴巴贸易通整合在一起的一个新品牌。它是淘宝和阿里巴巴为商户量身定做的免费网上商务沟通软件，可以帮助用户轻松寻找客户，发布、管理商业信息，及时把握商机，随时洽谈做生意，使用起来简洁方便。

安装阿里旺旺，首先需要找到阿里旺旺并下载。在百度中搜索"阿里旺旺"会找到很多资源，但其中有些资源包含着很多不安全的元素，所以我们选择在淘宝网下载阿里旺旺，既有针对性，又能保证安全。

1．打开淘宝网首页，在首页左侧的功能栏中，找到【工具】下方的【阿里旺旺】，单击【阿里旺旺】，如图 2-45 所示。

2．在图 2-46 所示页面中单击右侧的【卖家用户入口】。

图 2-45　找到阿里旺旺

图 2-46　买家/卖家入口选择

3．在图 2-47 的页面中，单击【立即下载】的绿色按钮后，会出现下载文件的对话框（不同系统和不同的浏览器下载提示对话框不同），如图 2-48，单击【保存】。

单击

单击

图 2-47　下载卖家旺旺

要运行或保存来自 download.taobaocdn.com 的 AliIM2013_taobao(7.20.23T).exe (28.6 MB) 吗？　　　运行(R)　保存(S) ▼

图 2-48　下载对话框提示

4. 在出现的提示框中选择将阿里旺旺保存到电脑上的位置，选择完成后单击【保存】，电脑就会自动将软件下载到指定位置上，如图 2-49 所示。

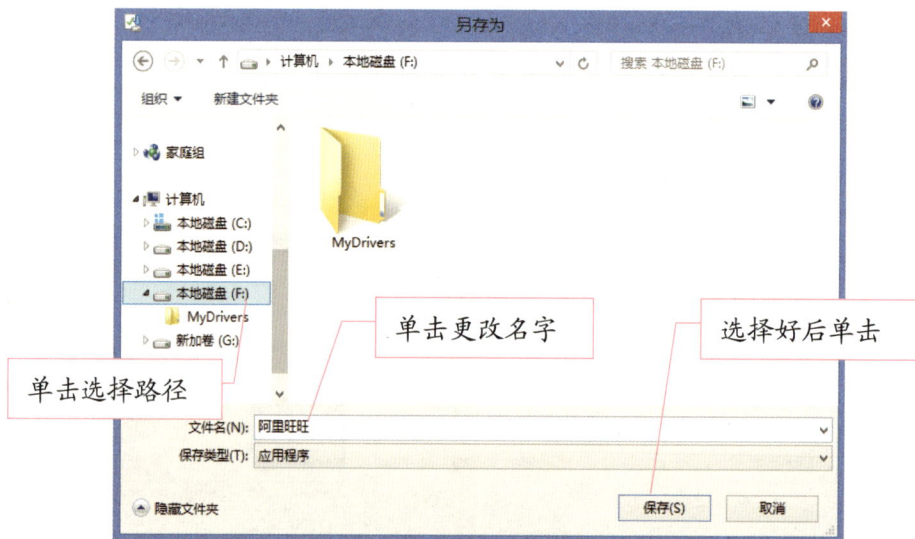

单击更改名字

选择好后单击

单击选择路径

图 2-49　选择储存路径

5. 下载完成后，打开保存阿里旺旺的文件夹，可以看到下载好的安装程序，双击阿里旺旺软件，开始安装，如图 2-50 所示。

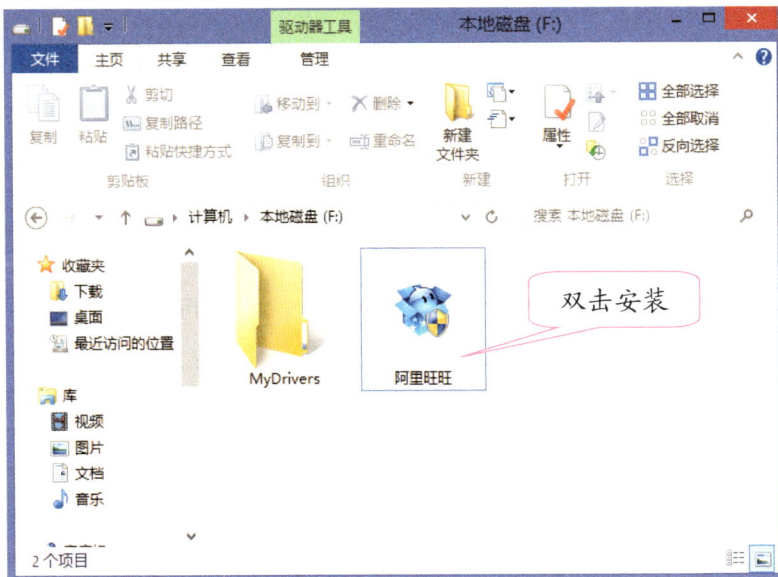

图 2-50　开始安装

6. 阅读安装向导，单击【下一步】按钮，如图 2-51 所示。

图 2-51　阿里旺旺安装向导

7. 拖动右侧滚动条阅读"许可协议",阅读后单击【下一步】按钮,见图2-52。

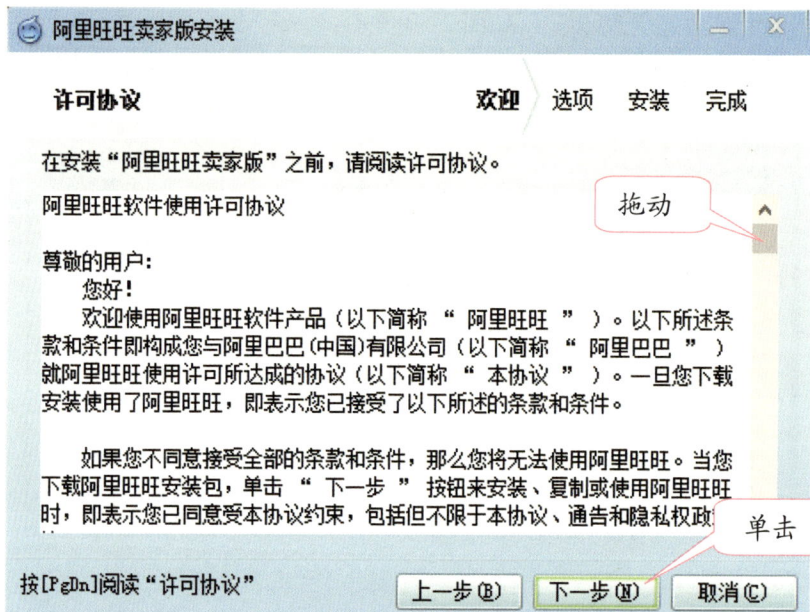

图2-52 阅读安装许可协议

8. 单击【浏览】按钮选择安装位置,单击【下一步】,见图2-53。

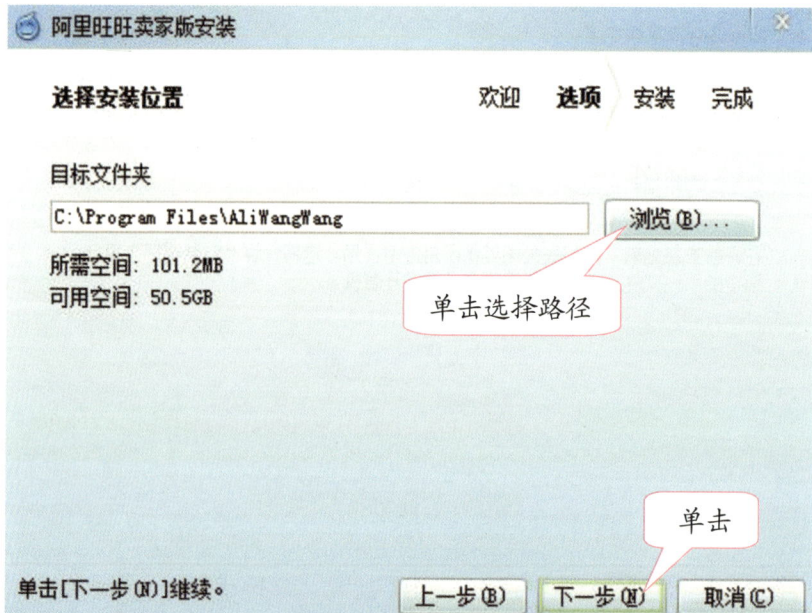

图2-53 选择安装位置

9. 单击【浏览】选择文件夹安装路径后，单击【下一步】按钮，见图2-54。

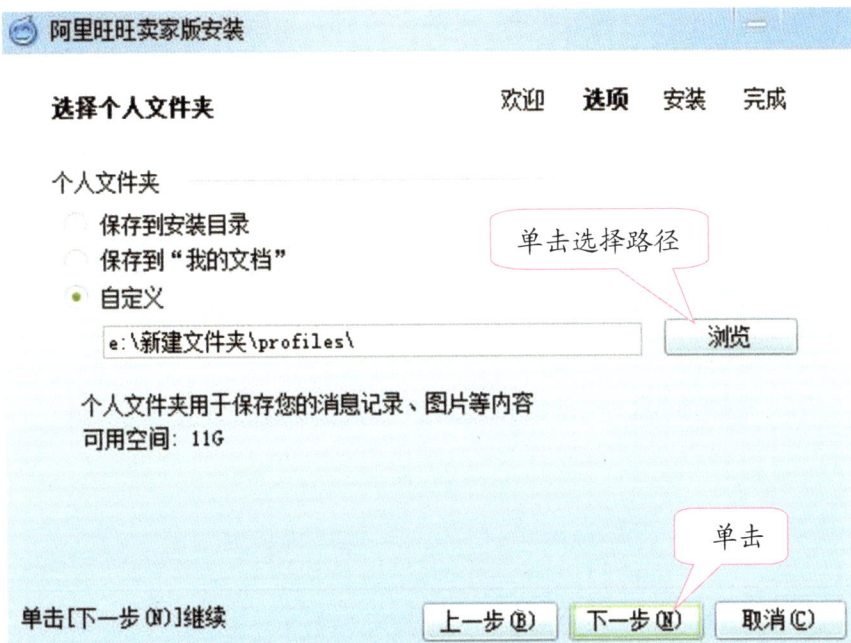

图2-54　选择安装个人文件夹

10. 单击对话框底部的【安装】按钮后，将显示软件的安装进度，当进度条读取到最后时，软件安装完成，如图2-55所示。

图2-55　软件安装完成

11．安装完成。这里我们暂时先不运行软件，因为阿里旺旺安装完成之后可直接安装另一淘宝工具——淘宝助理。如图 2-56 所示，将最下方的方框打勾，其余方框打空，单击【完成】按钮。将直接进入"淘宝助理"的下载安装过程。

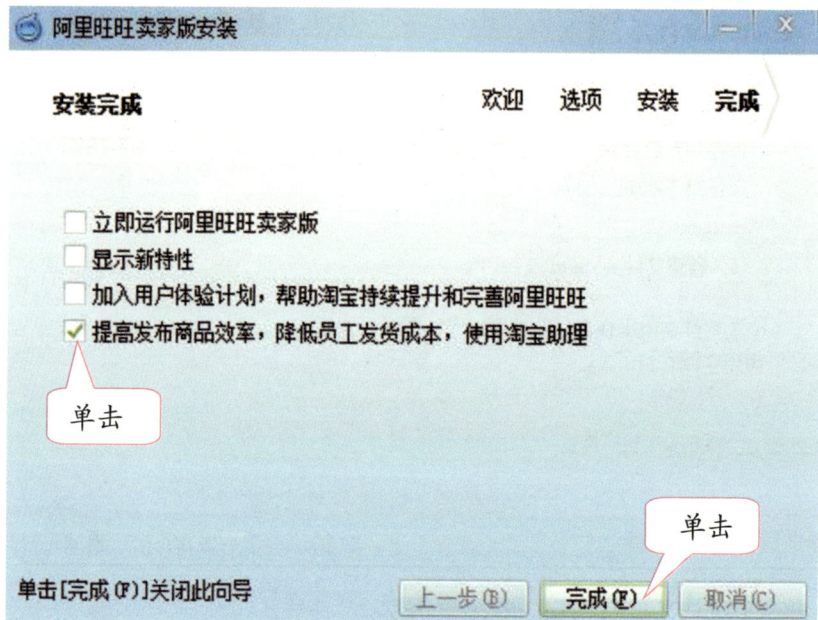

图 2-56　进入淘宝助理的安装

二、安装淘宝助理

淘宝助理是一款免费客户端工具软件，它可以不登录淘宝网就能直接编辑宝贝信息，快捷批量上传宝贝。其强大的批处理功能将省去卖家大量上传和修改商品等信息的时间，大大提高效率。

1．在上一步阿里旺旺安装完成之后，单击【完成】即可直接进入到淘宝助理的下载程序，如图 2-57 所示。

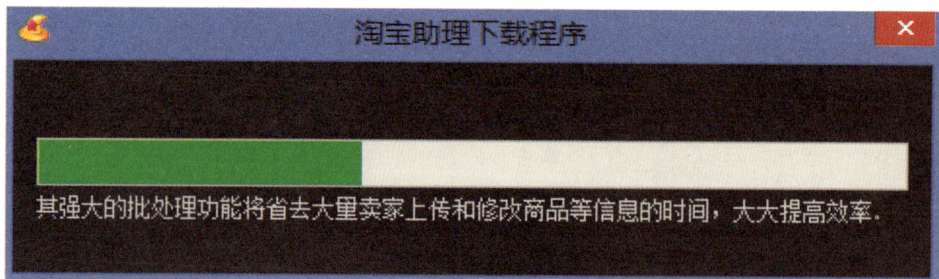

图 2-57　淘宝助理下载程序

2. 软件自动下载完成后，阅读安装向导，单击【下一步】按钮，见图2-58。

图2-58　淘宝助理安装向导

3. 单击【浏览】选择安装路径，单击【下一步】，如图2-59所示。

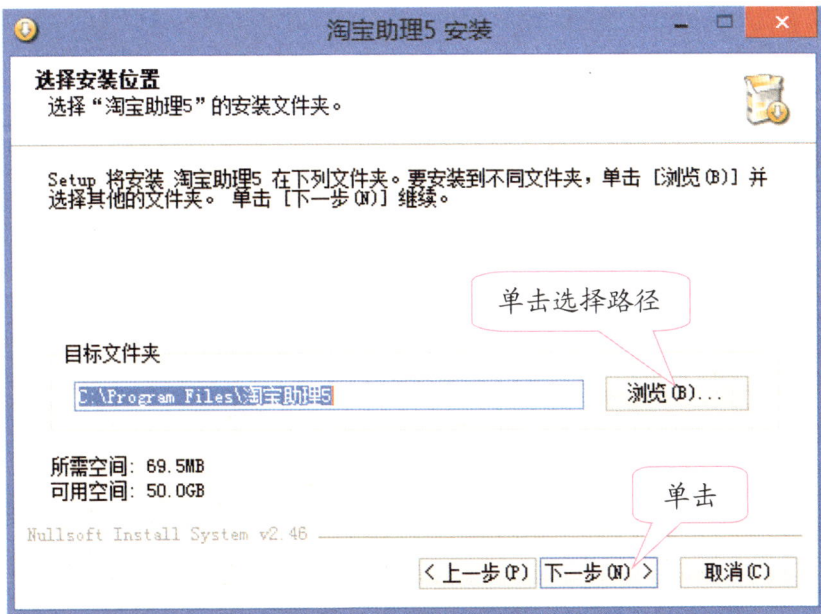

图2-59　选择安装路径

4. 如图 2-60，单击对话框底部的【安装】按钮后，将显示软件的安装进度，当进度条读取到最后时，软件安装完成。

图 2-60　安装淘宝助理

5. 单击【完成】按钮即可完成安装，如图 2-61 所示。

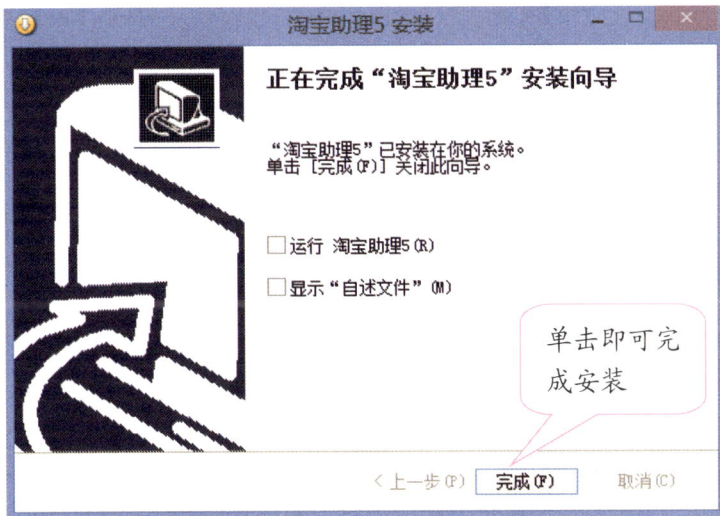

图 2-61　淘宝助理安装完成

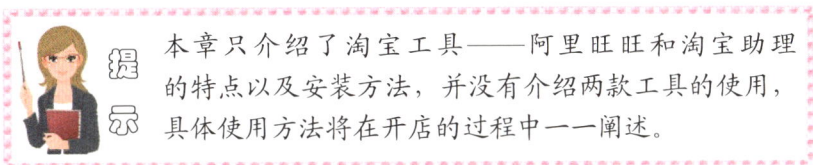

本章只介绍了淘宝工具——阿里旺旺和淘宝助理的特点以及安装方法，并没有介绍两款工具的使用，具体使用方法将在开店的过程中一一阐述。

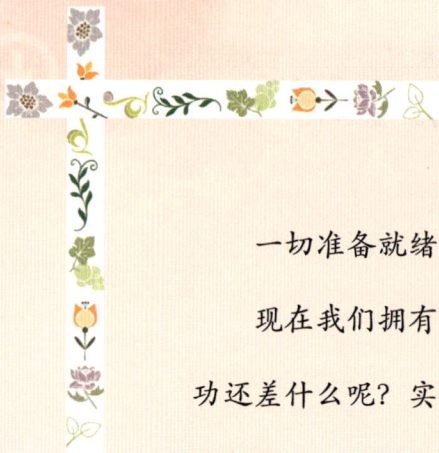

一切准备就绪以后，我们就该着手准备开店了。

现在我们拥有了开店的头脑和实力，距离开店成功还差什么呢？实体店还需要店铺、执照、商品、招牌等等，那么开网店是否也需要这些基本要素呢？

其实，开网店只需要我们进入淘宝网，完成三大任务——身份认证、在线考试和完善店铺信息，这些就相当于实体店的营业执照等东西，完成后我们就会拥有一个免费的店铺，然后我们就可以在这个店铺里摆设商品，打造品牌等等，如此一来网店就成功开张了。

本章主要通过对免费开店的过程、店铺装修的方法、发布商品的流程以及使用网店助手等方面的介绍，让用户进入淘宝，正式开店。

第三章

进入淘宝　正式开店

本章学习目标

◇ **开店认证**

了解开店所需的必要条件，学习如何进行店铺所有人的在线认证。

◇ **在线考试**

了解并熟悉淘宝交易规则，并进行淘宝网的在线考试。

◇ **完善店铺信息**

对自己即将开张的网络店铺进行信息的完善，迎接店铺开张。

◇ **简单装修店铺**

简单介绍网店的店铺装修方法与技巧。

◇ **发布宝贝**

介绍如何在网店中发布商品，设置相关的商品信息。

◇ **使用淘宝助理**

介绍网店助手——淘宝助理的使用方法，了解如何方便、轻松地经营网店。

开店认证

如今在淘宝网上开店的人越来越多，淘宝的开店步骤也是越来越严格。开店步骤不断地在更新，而我们只能不断地学习。在这里分享一下 2012 年的开店认证步骤，以后的开店步骤还会更新，希望到时候能与大家一起分享。其中，开店认证包含了"实名认证"和"店铺所有人认证"两大步骤。由于实名认证已经在上一章中做过介绍，所以这里重点介绍店铺所有人认证。

1. 登录淘宝网首页，在首页的右侧找到【免费开店】按钮，单击它。如图 3-1 所示，输入登录名密码之后，单击【登录】按钮。

图 3-1　免费开店登录

2. 登录后会看到如下的界面。可以看到，若想在淘宝网上成功开店，需要完

图 3-2　任务列表

成三项任务: 开店认证，在线考试和完善店铺信息，如图 3-2 所示。开店任务不分先后顺序，可以同时进行。这里建议读者先完成开店认证任务，因为这一步比较复杂，需要消耗一定的时间。由于实名认证已经在上一章的操作中完成，这里我们只需要完成店铺所有人认

证即可。

3．点击进入以后，选择所在地区并填写身份证号码。之后系统会要求卖家按照示例上传自己拍摄的照片。此步骤需要提交一张手持身份证正面头部照和一张上半身照，见图3-3。

照片要求：手持身份证，照片需免冠，不建议化妆，需本人手持证件。必须看清证件号且证件号不能被遮挡。半身照与手持证件照需在同一场景下拍摄；大头照和一寸照不可作为半身照使用，照片不能进行软件处理，不能进行裁剪和涂改。照片支持 jpg、jpeg、bmp 格式，最大不能超过 5M。拍摄完成上传成功后，单击【提交审核】按钮。

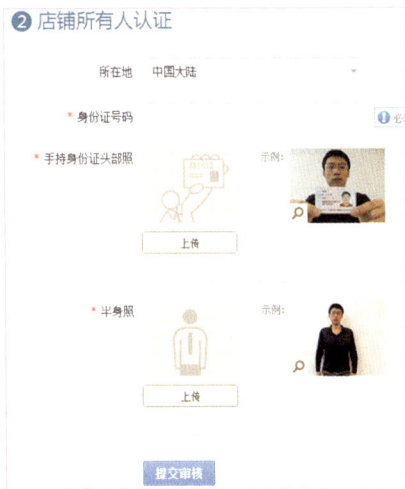

图 3-3　店铺所有人认证

4．提交后，你的信息将会被淘宝网人工审核，如图3-4所示。请耐心等待至审核通过，审核通过后页面会显示"已认证"，在此期间，你可以接着去完成另外两项任务。

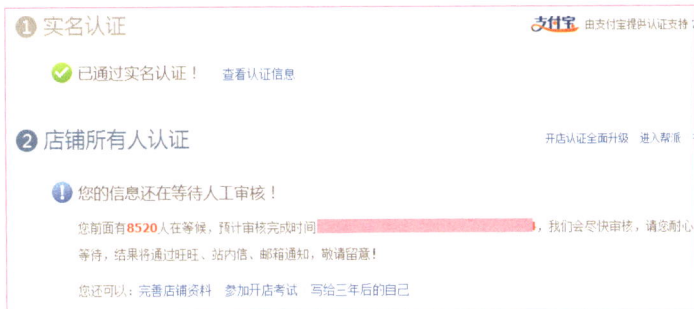

图 3-4　认证审核

在线考试

在线考试是淘宝开店任务的第二项。开店考试是便于卖家了解淘宝开店的规则和制度，避免开店过程中违反了淘宝规则而被扣分，严重的会导致封店。所以卖家一定要认真阅读【淘宝规则】了解店铺经营行为准则及注意事项，然后进行开店考试。

图 3-5 在线考试

1. 认真阅读《淘宝规则》后，单击【开始考试】按钮，如图 3-5 所示。

制定淘宝规则的目的是：为促进开放、透明、分享、责任的新商业文明，保障淘宝网用户合法权益，维护淘宝网正常经营秩序，根据《大淘宝宣言》及《淘宝网服务协议》，制定淘宝规则。

淘宝开店必须通过淘宝开店考试，这个是 2010 年底淘宝网对新卖家启用的规则。考试的主要内容是《淘宝规则》，考试分数须达到 60 分才能通过，其中的基础题部分必须达到准确率 100%。

2. 阅读考试说明，选择你将经营的类目后，单击【立即考试】按钮，见图 3-6。

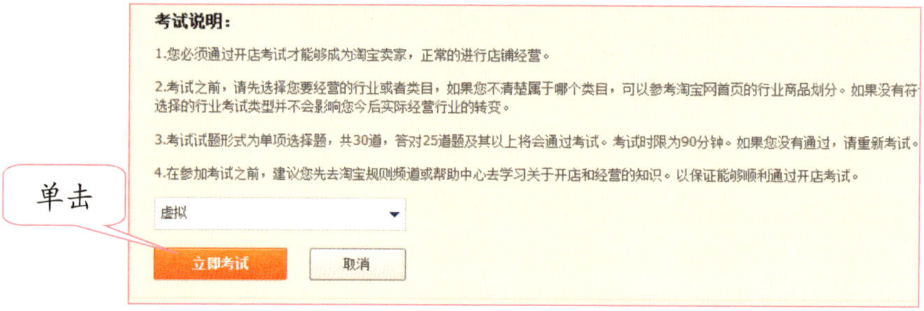

图 3-6 考试说明

3. 开始答题，如图 3-7 所示，按照《淘宝规则》仔细答完 30 道单选题目后，单击【交卷】。

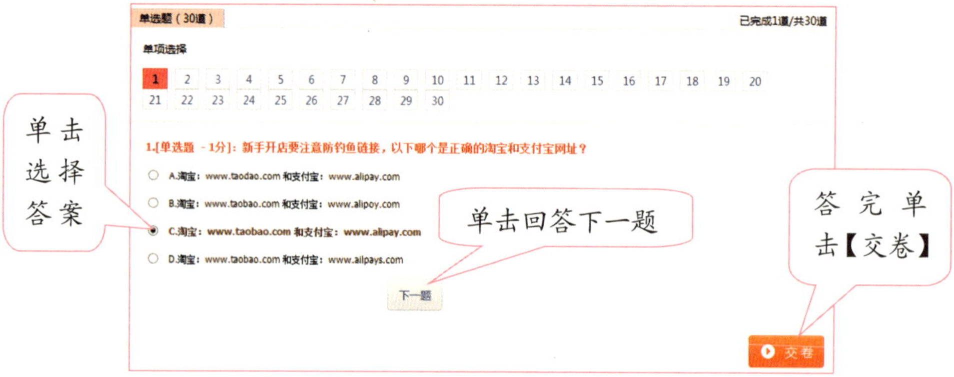

图 3-7 考试答题

4. 交卷后，页面会显示你此次答题是否通过，如图 3-8 所示。考试通过（答对 25 题以上）即完成了淘宝的在线考试任务；如没通过，可以返回重新考试，直至通过为止。

图 3-8　考试通过

完善店铺信息

你已经完成了三项任务中的两项，第三项任务就是完善你的店铺信息。店铺信息是你即将在淘宝上所开的网店的基本信息，包括店铺名称、商品类目、店铺介绍等。买家进入淘宝网首页，除了可以在搜索文本框内输入关键字进行商品选择外，就是从这些大的类目信息里挑选和寻找商品，因此编辑好店铺信息非常重要。

1. 回到卖家中心首页，可以看到前两项任务已完成（第一项任务可能在审核之中，这并不影响此项任务的操作），然后单击【填写店铺信息】按钮，见图 3-9。

2. 仔细阅读图 3-10 所示的《诚信经营承诺书》，如无异议单击【同意】按钮。

图 3-9　填写店铺信息

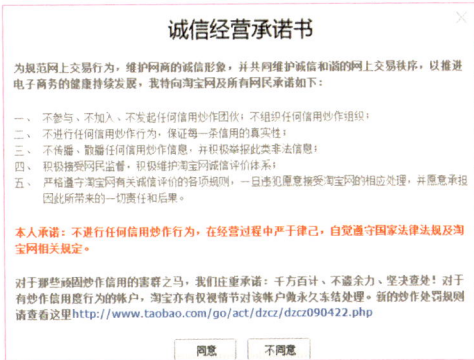

图 3-10　诚信经营承诺书

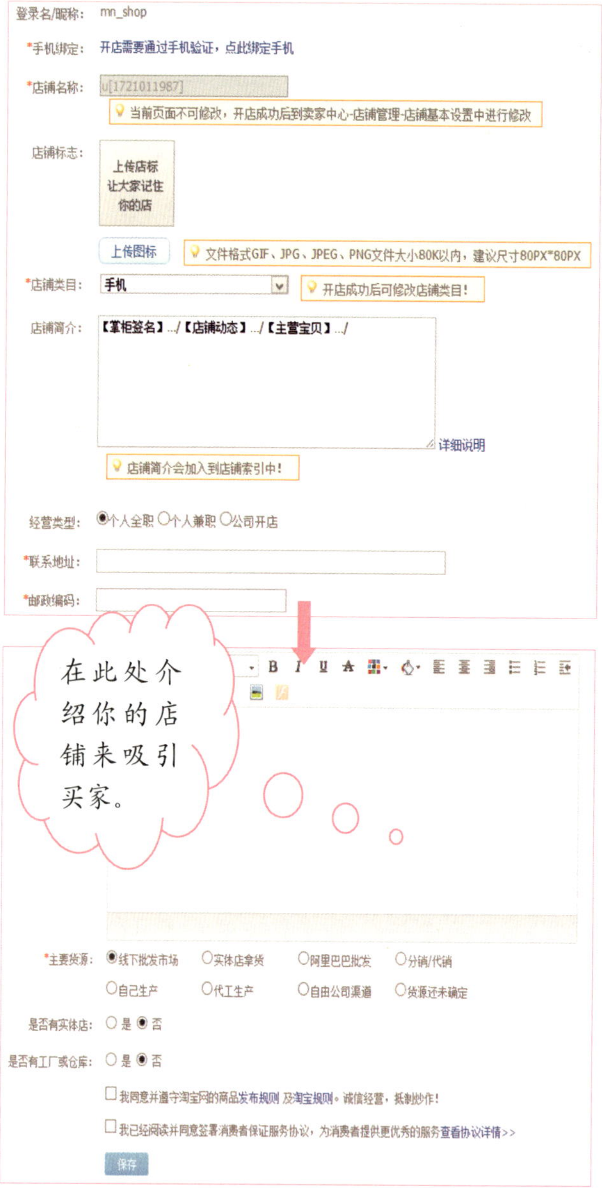

3. 开始填写店铺信息：【店铺名称】是给你的店铺起一个名字，买家可搜索店铺名称以找到你的店铺。此步骤尚不能修改店铺名字，需要在开店成功之后才能修改。

登录名/昵称： mn_shop

*手机绑定： 开店需要通过手机验证，点此绑定手机

*店铺名称： u[1721011987]
⚠ 当前页面不可修改，开店成功后到卖家中心-店铺管理-店铺基本设置中进行修改

店铺标志：
上传店标
让大家记住
你的店

上传图标 ▶ 文件格式GIF、JPG、JPEG、PNG文件大小80K以内，建议尺寸80PX*80PX

*店铺类目： 手机 ▼ ▶ 开店成功后可修改店铺类目！

店铺简介： 【掌柜签名】.../【店铺动态】.../【主营宝贝】.../
详细说明

⚠ 店铺简介会加入到店铺索引中！

经营类型： ● 个人全职 ○ 个人兼职 ○ 公司开店

*联系地址：

*邮政编码：

【店铺标志】需要上传你的店铺标志，上传店铺标志的目的是为了让买家能够记住你的店铺，此处要注意一下图片的格式，尺寸要求是80PX×80PX，如果你感觉图片并不能体现你的产品，你可以选择制作成动画的格式；如果你经营的项目是品牌，此处可以把品牌的标志作为店铺的标志。

在此处介绍你的店铺来吸引买家。

B I U A ℃ ❄ ◊ ⬛ ⬛ ⬛ ⬛

*主要货源： ○ 线下批发市场 ○ 实体店拿货 ○ 阿里巴巴批发 ○ 分销/代销
○ 自己生产 ○ 代工生产 ○ 自由公司渠道 ○ 货源还未确定

是否有实体店： ○ 是 ● 否

是否有工厂或仓库： ○ 是 ● 否

☐ 我同意并遵守淘宝网的商品发布规则 及淘宝规则。诚信经营，抵制炒作！

☐ 我已经阅读并同意签署消费者保障服务协议，为消费者提供更优秀的服务查看协议详情>>

保存

【店铺类目】是你所想要卖的商品的种类，如鞋、衣服、饰品、皮包等。单击下拉菜单即可选择你的店铺类目。

前面带红色星号的项目是必须要填写的，没有星号的项目可以有选择地填写。填写完成后，将下方的两个方框打勾，单击【保存】按钮。完成店铺信息填写任务。如图 3-11 所示。

图 3-11　店铺信息填写

提示　填写店铺信息时可以从简填写，当开店成功之后，可以在店铺中修改和美化，具体方法将在后续章节中介绍。

这个任务完成之后，再次回到【卖家中心】的时候，将会出现如图 3-12 的页面，提示"恭喜你！开店成功啦！"提示后方的网址就是你所开张网店的永久网上店铺地址，这个地址是不会变更的，你可以将其写在笔记本上或电脑上保存下来。新手开店时，你可以将这个地址告诉你的朋友们，让他们光临一下你所新开的小店。当然，你也可以通过这个地址自己进入店铺欣赏一下，感受一下开网店的成就！

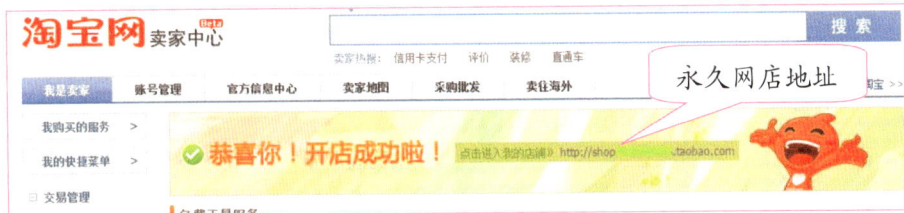

图 3-12　开店成功

简单装修店铺

网店注册成功之后，就该简单地装修店铺了。为什么要装修店铺呢？很简单，其实它跟实体店是一样的道理，店铺的装修与设计是否完美对吸引消费者的眼球是很重要的。如果一家店铺设计独特，另有一番风味，很有可能把路过的消费者吸引到店里来，能在店里走走逛逛，说明消费者对店里的装修很满意。另外，也许就在店里看上了其中一件宝贝，说不定就直接拍下来了哦！相反如果店铺装修得不雅观、乱七八糟的，消费者看了也许就会马不停蹄地去逛下一家。所以大家一定要重视店铺的装修，并要清楚地知道店铺应该如何装修，装修前要想好如何设计店铺让它拥有特独的风格，这是很关键的。

1. 登录淘宝网，进入【卖家中心】，然后在左侧的菜单中选择【店铺管理】下方的【店铺装修】，单击它，如图 3-13 所示。

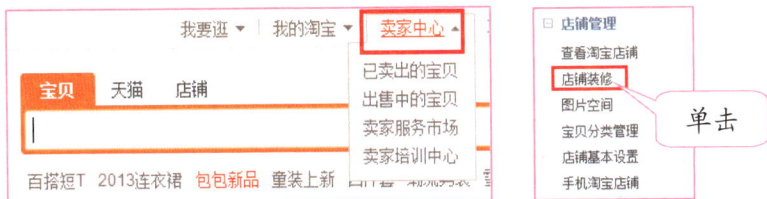

图 3-13　店铺装修

2.进入装修的编辑模块，如图 3-14 所示。用鼠标移动到所需要更改的模块，便会出现相关选项。你可以编辑或者移动模块到指定的位置。修改店铺名称就可以在这一步骤完成，你可以编写所喜爱的或者吸引买家眼球的店铺名称。

图 3-14　店铺装修页面

3.接下来你可以选择背景图进行编辑，如图 3-14 所示，将鼠标移动到店铺名称上，单击右上角的【编辑】按钮，在图 3-15 中，先修改店铺名称；准备好背景图片后，单击【选择文件】选择背景图片后进入相关设置，调整图片高度，进行显示调整，增添图片时需要选择不超过 100KB 大小的图片，且高度为 120PX（像素）。完成后单击【保存】。

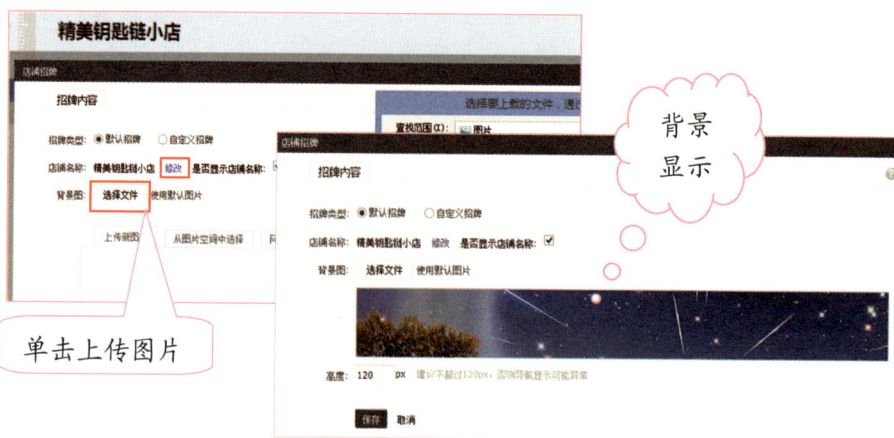

图 3-15　编辑背景图片

4. 另外，淘宝的页面设置确实很复杂，但是淘宝需要盈利，便推出了淘宝旺铺这个东西，如图 3-16 所示，小卖家就不需要了，可以体验一下（有时淘宝会搞活动免费体验 15 天，自己关注一下），觉得有效果了再进行购买使用。

图 3-16　淘宝旺铺

5. 淘宝虽有现成的比较好的模板，但是好比 QQ 空间一样——收费。不过，如果你的 PS 技术很高而且设计能力很不错的话，这一切也不在话下，你可以在上面选择模板/布局设置，打造属于自己的个性淘宝网店（淘宝装修市场的模板需要付费）。

这里简单介绍一下修改模板的主题颜色。将鼠标移动到【装修】上，单击【样式管理】，进入到编辑模式，单击【选择配色】，选择你喜爱的主题颜色后，单击【保存】。这样你网店的所有标题栏都会变成你所喜欢的颜色了，如图 3-17 所示。

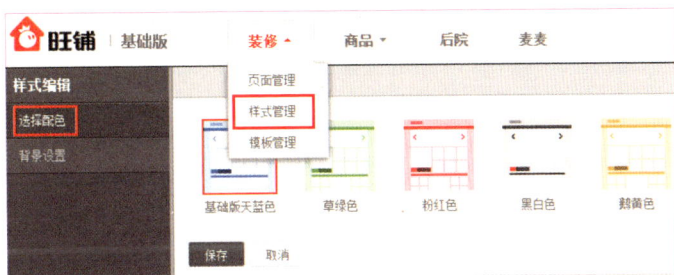

图 3-17　修改配色

6. 最后，如图 3-18 所示，在右上角找到【预览】和【发布】，装修好之后单击【发布】即可，其实还有很多经验值得我们学习，你可以在淘宝帮助或者和卖家交流获得更多的帮助，打造一个完美的店铺，在此本书不做赘述。

图 3-18　预览并发布

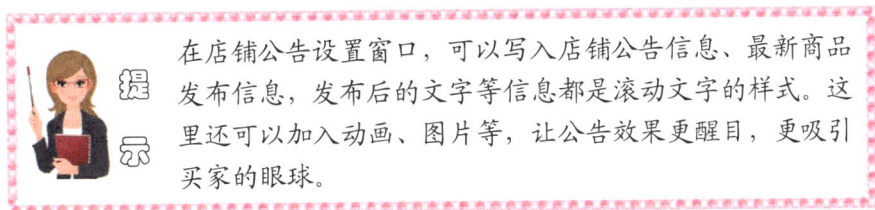

在店铺公告设置窗口，可以写入店铺公告信息、最新商品发布信息，发布后的文字等信息都是滚动文字的样式。这里还可以加入动画、图片等，让公告效果更醒目，更吸引买家的眼球。

发 布 宝 贝

装修完店铺之后，你要发布你的宝贝。把你的产品发布到淘宝网上，这样才会让你的顾客看到商品，促成交易。发布商品之前要准备好商品图片，可以自己动手拍摄，也可以到网上下载。拍摄商品图片时，应该找一个光线合适的地方，室内或者室外都可以，且尽量不要影响拍摄效果，从各个角度对商品进行拍照，多拍几张，最后从中选取合适的照片。淘宝的图片不得大于 500KB，可用"光影魔术手"对照片进行调节。

上传前，需要整理商品的相关信息，例如商品类目信息。在淘宝网首页，有服饰、配饰、家居、食品、美容、数码等等类目信息。买家进入淘宝网首页，除了可以在搜索文本框内输入关键字进行商品选择外，就是从这些大的类目信息里挑选和寻找商品，因此选好商品类目信息非常重要。此外，商品的品牌、材质、价格、颜色、描述、运费等，都是买家购买产品时非常关心的问题，所以，这些工作信息在发布商品时都是必须要做的。

1. 在图 3-19【卖家中心】左侧栏目中，找到【宝贝管理】下方的【发布宝贝】，单击它。

2. 图 3-20 所显示的页面为"一口价"商品发布的界面，拖动左侧滚动条选择商品类目，或者直接在上方的【类目搜索】框中输入商品名类目信息进行搜索（左侧为一级类目，中间为二级类目，右侧为三级类目）。选择完成后单击【我已阅读以下规则，现在发布宝贝】按钮。

图 3-19　发布宝贝

图 3-20　商品类目选择

3. 在图 3-21 中，填写宝贝基本信息。选择商品类型、品牌、材质。若下拉列表中无相应选项，可在文本框内输入"其他"。

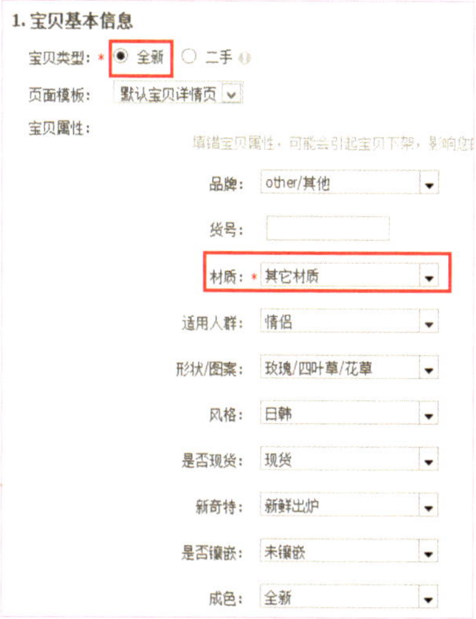

1. 宝贝基本信息

图 3-21　宝贝基本信息

4. 在图 3-22 中设置商品标题、颜色和价格。单击输入宝贝标题，并输入宝贝的一口价，选择颜色后输入自定义的价格和数量。

图 3-22　宝贝相关信息

5. 上传商品图片。如图 3-23 所示，单击【文件上传】，选择之前准备好的图片上传，上传成功后可以在下方预览到所上传的图片，若商品有视频简介的话，可单击【选择视频】进行视频上传。接着在图 3-24 中对上传的宝贝用一段话描述，描述完成后可选中文字，用上方的工具对文字进行编辑和美化。

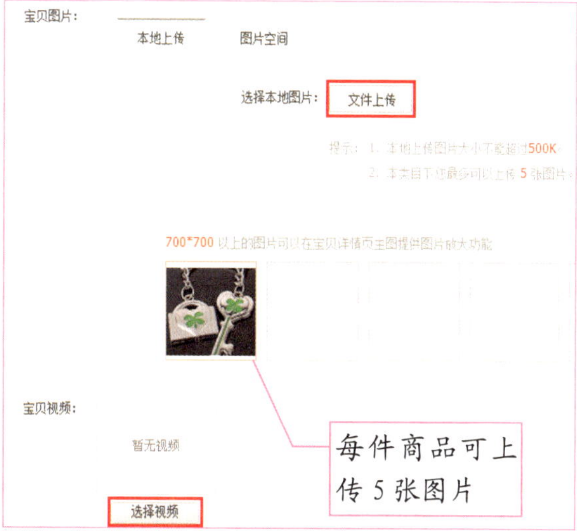

对宝贝的描述应该条理分明，重点突出，可以没有太多色彩，但是让人阅读方便，令人感觉舒适。

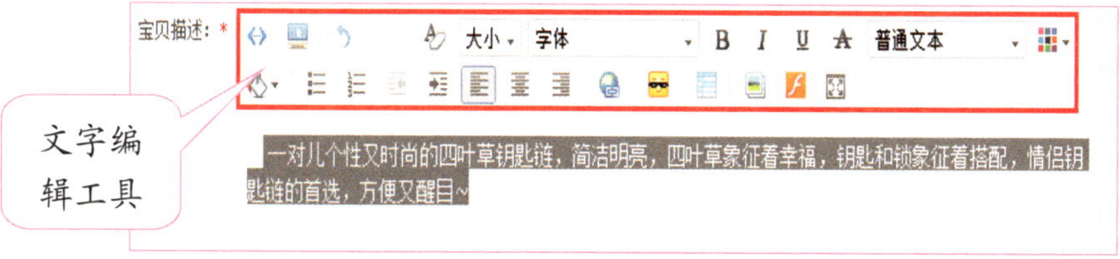

图 3-23　上传图片

图 3-24　商品描述

6. 设置物流信息。如图 3-25 所示，单击【所在地】右侧下拉按钮，选择商品所在地。在运费一栏中设置运费付费方式及具体运费数目。注意下方的提示：7 天无理由包邮商品，非质量问题的退换货行为，需卖家承担发货邮费。

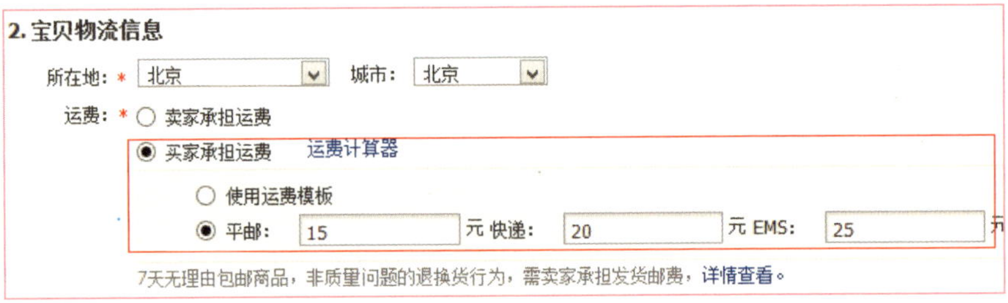

图 3-25　设置物流信息

7. 设置售后保障信息。如图 3-26 所示，选择你的商品是否有【发票】和【保修】服务，以及退换货承诺，并填写你的售后说明以让买家更清楚地了解信息，避免买卖纠纷。

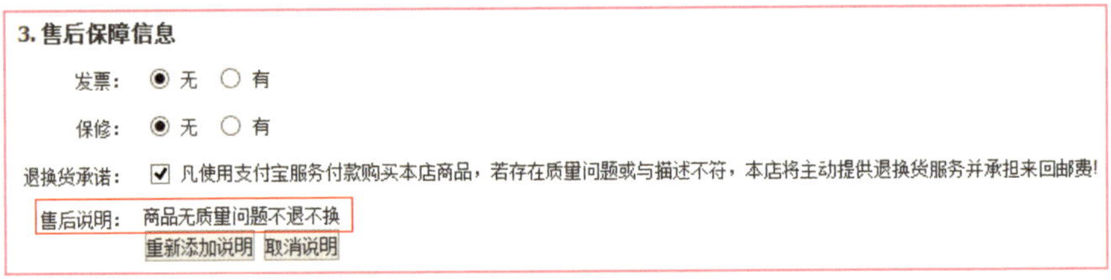

图 3-26　设置售后保障信息

8. 设置其他信息。如图 3-27 所示，单击商品发布的【有效期】以及【开始时间】等选项进行设置，设置完成后，如图 3-28 所示，单击【预览】按钮，查看你所发布的宝贝信息，这时你会以类似买家的视角看到你所发布的商品，检查无误并且满意后，单击【发布】按钮。

图 3-27　设置商品其他信息

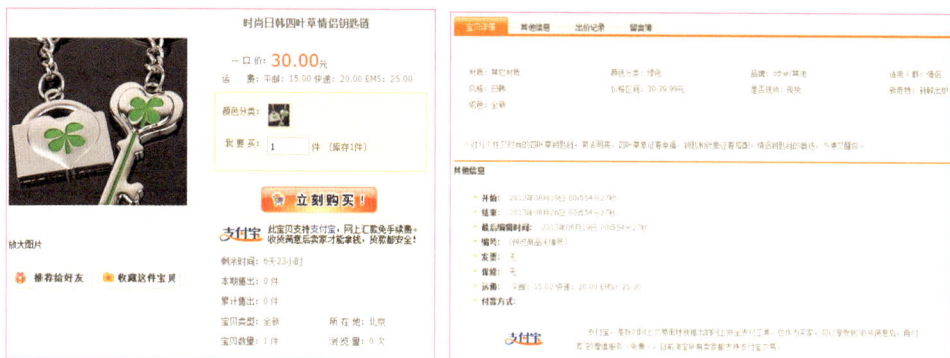

图 3-28　商品发布预览

9. 如图 3-29 所示，宝贝发布成功，最下方的网址便是你所发布的这个商品的地址，你可以将它分享给好友。而单击【继续发布宝贝】即可重复之前的步骤再发布商品。单击【查看该宝贝】，就可以看见你的宝贝出现在你精致的店铺中啦！

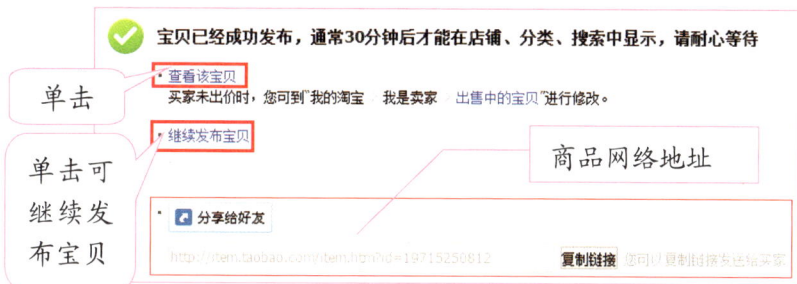

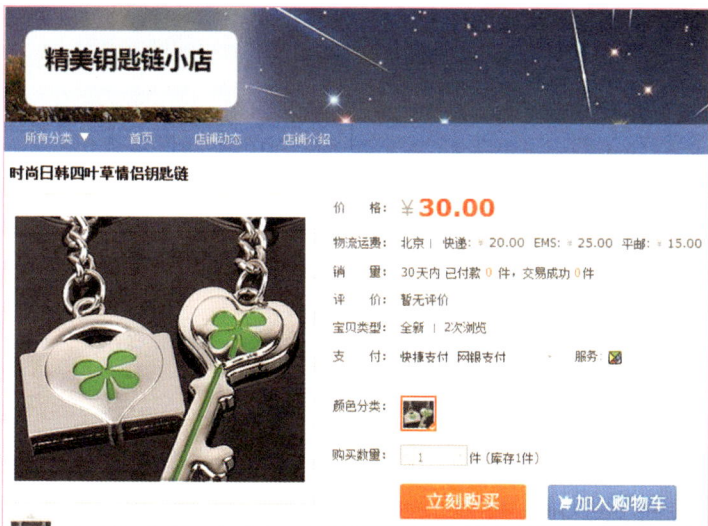

图 3-29　宝贝发布成功与店铺中的宝贝

商品发布出去之后，如果发现商品的价格不合适，邮费设置有问题，或者商品信息不够全面，描述太夸张了不符合实际等问题时，只要买家没出价买下，均可再次修改商品信息。

1. 如图 3-30 所示，在【卖家中心】左侧栏目中，找到【宝贝管理】下方的【出售中的宝贝】，单击它。

2. 如图 3-31 所示，在出现的界面中可以看到你所出售的宝贝的基本信息，若要修改，单击右上角的【编辑宝贝】。

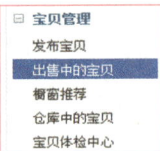

图 3-30 出售中的宝贝

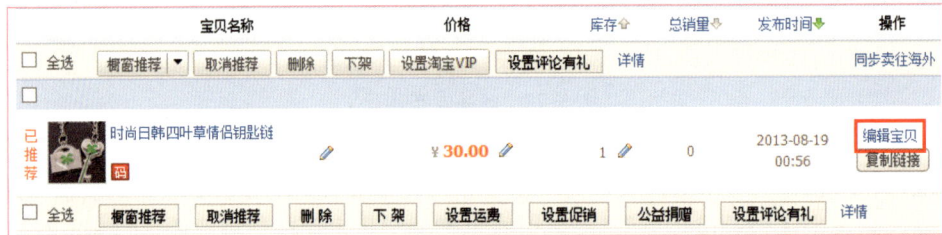

图 3-31 编辑宝贝

3. 在图 3-32 中可以发现这时的页面与发布宝贝时【填写宝贝信息】的步骤一样，按照上面的操作方法进行更改后，单击【确认】，商品信息则修改成功。

图 3-32 修改确认

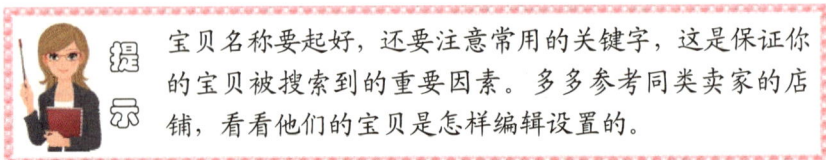

提示：宝贝名称要起好，还要注意常用的关键字，这是保证你的宝贝被搜索到的重要因素。多多参考同类卖家的店铺，看看他们的宝贝是怎样编辑设置的。

使用淘宝助理

淘宝助理是提供给卖家的一款免费、功能强大的客户端工具软件，它可以使你不登录淘宝网就能直接编辑宝贝信息，快捷批量上传宝贝。它能够离线管理、轻松编辑商品信息；数秒内建立专业的宝贝销售页面，能一次性快速成批上传大量宝贝；能将常用的交易方式存入当作模板反复使用，减少工作量。

一、用淘宝助理新建上传商品

1. 双击桌面淘宝助理图标 ，打开淘宝助理。

2. 输入淘宝会员名与密码。使用公共电脑时不要选记住密码，单击【登录】，如图 3-33 所示。

3. 在出现的界面中单击【宝贝模板】，如图 3-34 所示。

图 3-33　输入密码并登录

图 3-34　淘宝助理界面

4. 在出现的界面中单击【新建】按钮，见图 3-35。在下拉菜单中选择【新建宝贝】。

图 3-35　新建宝贝

5. 宝贝基本信息的填写。如图 3-36 所示，在弹出的模板中填写宝贝名称、一口价、商品数量、宝贝物流等信息，填写方法同在淘宝网上【发布宝贝】的方法；单击【选择图片】选好准备的商品图片。

图 3-36　宝贝基本信息填写

6. 单击【选类目】按钮，出现如图 3-37 所示的类目框，你可以拖动右侧滚条进行类目的选择，也可以在上方的文本框中输入类目进行筛选。类目与店铺类目需一致，选择完后单击【确定】。

7. 然后填写图 3-38 出现的相关属性列表，单击空白处填写，完成后单击【保存（Ctrl+S）】按钮。

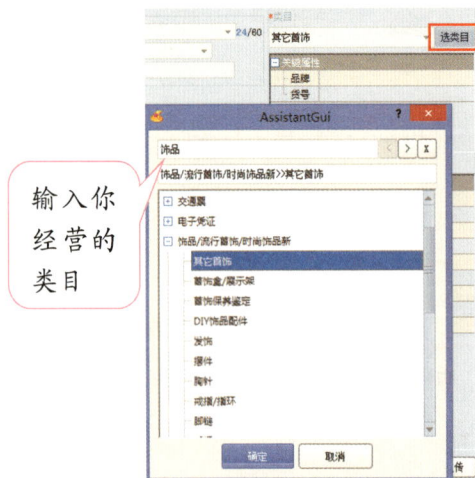

图 3-37　宝贝类目

图 3-38　属性列表

8. 单击【销售属性】标签，如图 3-39 所示，在界面中选择商品颜色，自定义商品名称，下方还可以设置价格及数量。单击【保存（Ctrl+S）】按钮。

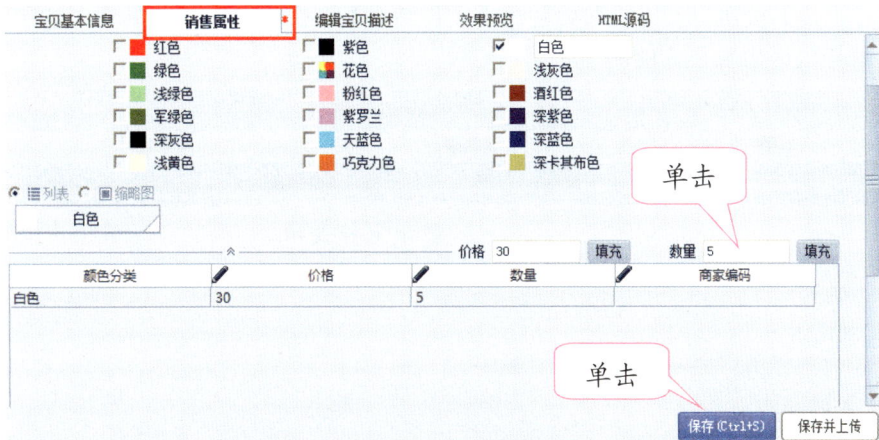

图 3-39 销售属性

9. 单击【编辑宝贝描述】标签，按上一小节的方法输入并设置描述商品信息。如图 3-40 所示，单击黄色的小文件夹为商品描述添加图片信息，单击【选择】进行图片筛选，选择好后单击【确定】，最后单击【保存（Ctrl+S）】按钮。

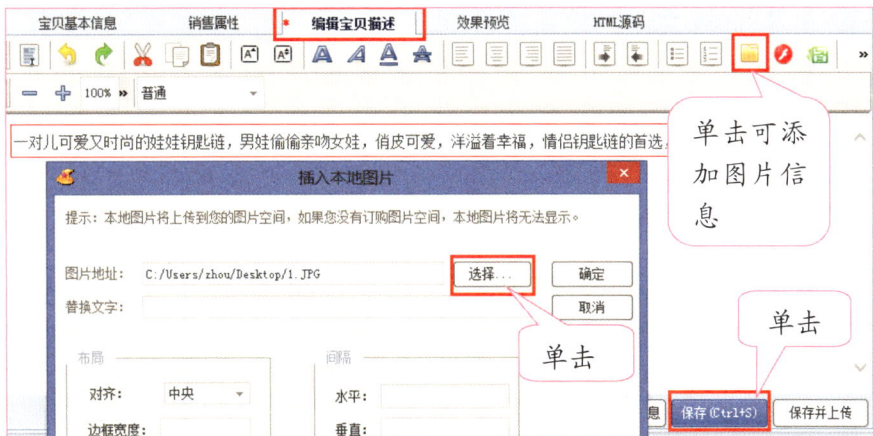

图 3-40 编辑宝贝描述

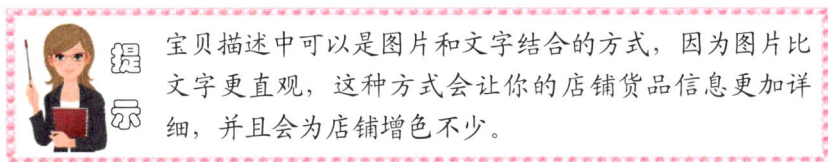

提示

宝贝描述中可以是图片和文字结合的方式，因为图片比文字更直观，这种方式会让你的店铺货品信息更加详细，并且会为店铺增色不少。

10. 所有信息填好后，选中刚编辑好的商品并单击【保存并上传】按钮，就可以上传了。如图 3-41 所示，在弹出的【上传宝贝】对话框里确认上传的商品名称，单击【上传】按钮，上传成功后会在【上传结果】一栏中显示上传成功。这样你的宝贝就轻松地出现在你的网店中了。

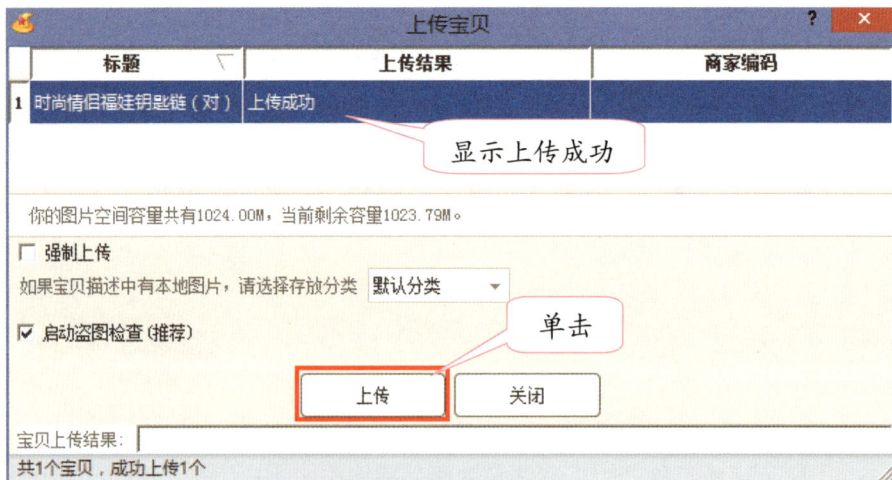

图 3-41　上传宝贝成功

二、导入与导出 CSV 文件

备份功能可以更方便用户备份数据或者转移数据。你可以为宝贝建立副本，包括图片、宝贝描述；预填宝贝资料，方便以后更快捷地发布宝贝信息。淘宝助理提供了导入导出数据的方法。具体操作如下：

1. 导出 CSV 文件。如图 3-42 所示，在商品列表中选择要导出的商品，单击右键，选择【导出到 CSV 文件】。

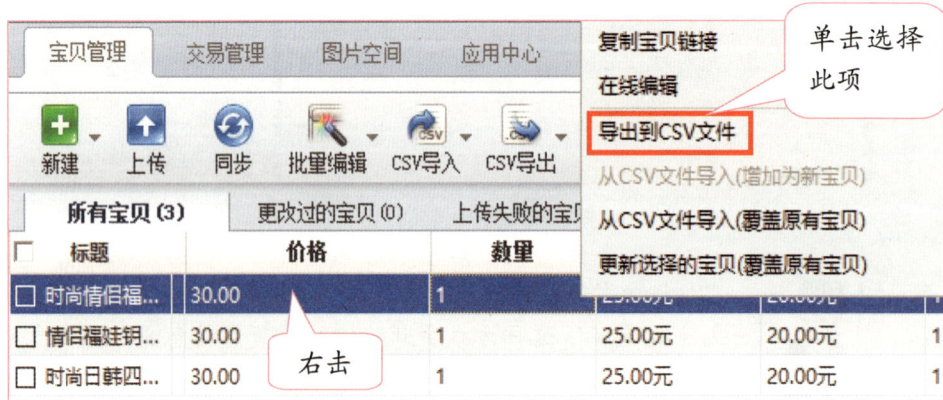

图 3-42　导出 CSV 文件

2. 弹出【另存为】对话框，如图 3-43 所示，输入要保存的名字，单击【保存】按钮。弹出对话框提示导出成功的 CSV 文件数目，单击【确定】。

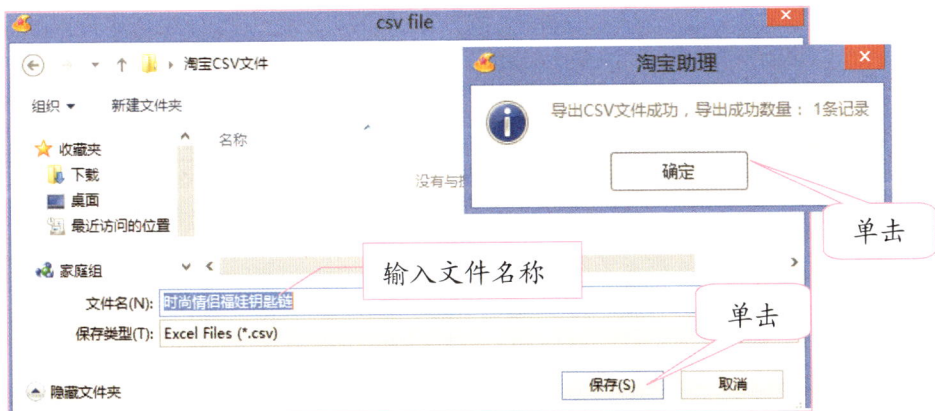

图 3-43 保存 CSV 文件

3. 如图 3-44 所示，打开保存 CSV 文件的位置，可以看见生成了一个.csv 文件和一个同名文件夹。

图 3-44 生成 CSV 文件

4. 导入 CSV 文件。如图 3-45 所示，在淘宝助理的左边目录中选中【宝贝模板】才可以使用这种方式。单击【宝贝模板】。

5. 在右边的宝贝列表框里单击右键，在弹出的菜单中单击【从 CSV 文件导入（增加为新宝贝）】命令，见图 3-46。

图 3-45 从 CSV 导入

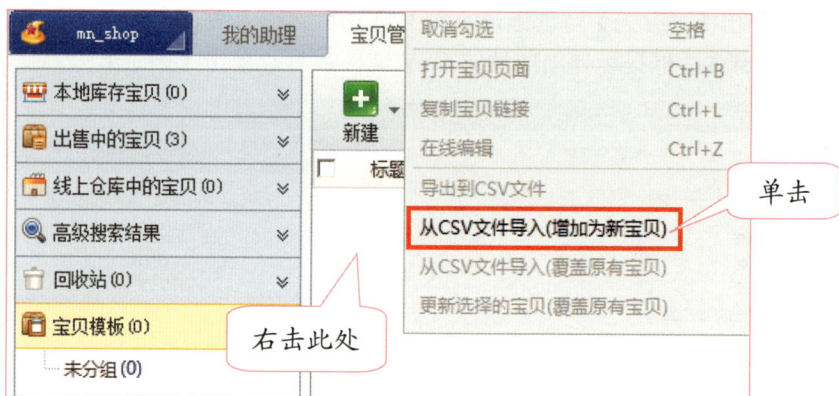

图 3-46　导入 CSV 文件

6. 这时会弹出一个"打开"的对话框，如图 3-47 所示，双击要导入的 CSV 文件。弹出对话框提示导入成功的 CSV 文件数目，单击【确定】即导入成功。

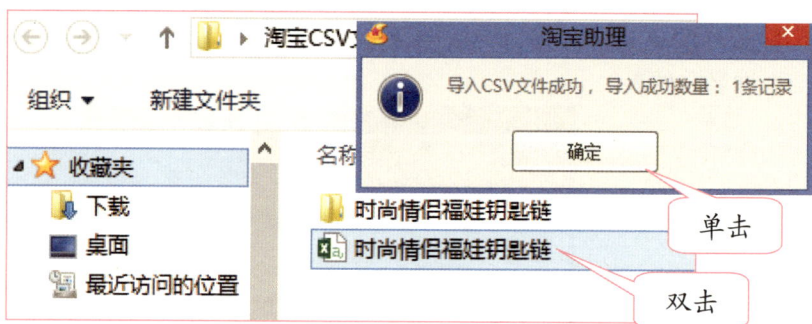

图 3-47　打开并导入 CSV 文件

三、批量编辑商品

利用淘宝助理，可以对出售的商品信息进行批量的修改，具体步骤如下。

1. 单击【出售中的宝贝】，将待批量编辑的商品前方的方框打勾，见图 3-48。

图 3-48　批量勾选商品

2. 单击【批量编辑】，选择【宝贝信息】中的【宝贝名称】进行名称编辑，如图 3-49 所示。

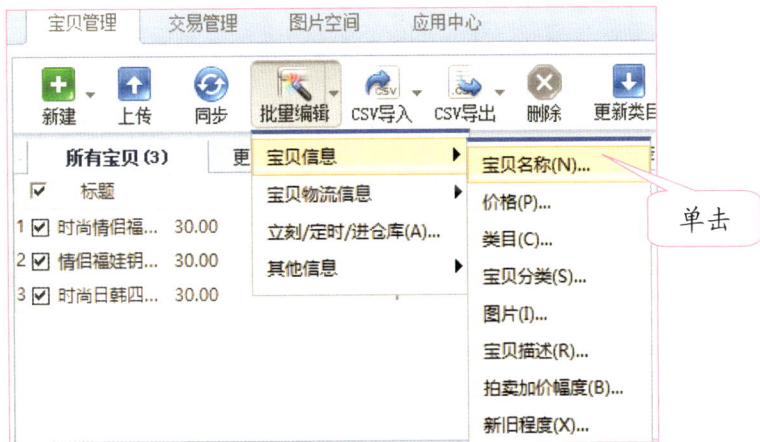

图 3-49 批量编辑名称

3. 单击【增加】选项，选择增加【前缀】，在文本框内输入内容，单击【预览】，见图 3-50。

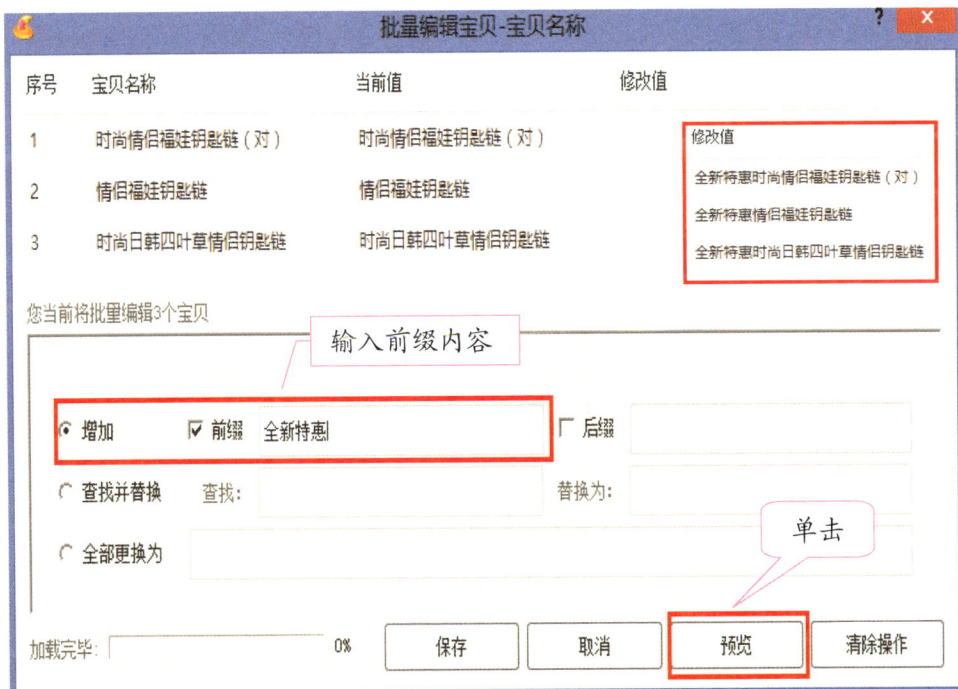

图 3-50 增加名称前缀

4. 预览满意后单击【保存】，在商品列表中可以看到商品名称前全都加上了相同的前缀"全新特惠"，如图 3-51 所示。

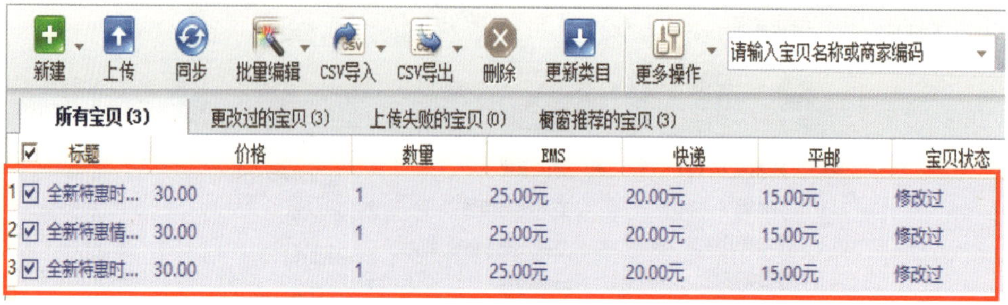

图 3-51　商品列表效果

用淘宝助理还可以批量编辑商品的很多其他信息，如宝贝价格、类目、分类、图片、描述等，本书不做赘述，由卖家自己去体验这个过程。

另外，淘宝助理的强大功能不仅有这些，它的功能还待卖家在开店的过程中慢慢感受和体会。你还可以在【应用中心】中找到很多关于官方开店的应用功能，不同的卖家会有不同的选择，如图 3-52 所示。

图 3-52　淘宝官方应用

四、掌握商品上架时间

在淘宝网，买家搜索同一关键词会出现很多同类商品，这些相同商品的位置是按商品下架剩余的时间来排定的，越接近下架的商品，排名就越靠前。依据剩余时间决定排名的先后，也是保证对所有卖家公平的一个原则。商品在即将下架的一天或最后几个小时，特别是最后几十分钟，将获得最有利最靠前的宣传位置。因此，上架时间直接关系到下架时间。商品下架的最佳时间也就是商品上架的最佳时间，将商品的上架时间选择在店铺的访问量最高的时段就可以了。

1.首先选择上架时间为 7 天。

2.商品一定选择在黄金时段内上架，可以在 11:00~16:00 和 19:00~23:00 每隔半小时左右发布一个新商品。不同时发布的原因是：同时发布就容易同时下架。如果分隔开来发布，那么在整个黄金时段内，你都有即将下架的商品获得很靠前的搜索排名。

3.每天都坚持在两个黄金时段内发布商品，保持周而复始。

4.所有的橱窗推荐位都用在即将下架的商品上，安排合理就会发挥巨大的作用。

至此，我们的网店已经成功开张。

商品上传并发布以后，就可能有买家看上你的商品并找上门来询问商品相关信息了。作为新手卖家，对自己的第一桶金肯定会相当重视，所以得先做好与买家沟通联系的准备，如准备聊天工具，熟悉聊天工具的使用；习惯查看店铺买家站内信并及时回复；了解物流程序，选择适合自己的物流方式等。

另外，作为一个卖家还应该熟悉网上买卖的整个流程，懂得操作过程的每一个细节，如修改商品价格、发货给买家，如何解决买卖纠纷与退款等相关事宜。

本章主要通过阿里旺旺使用方法和开网店交易流程等介绍，让用户学会如何在网店中进行交易。

第四章
首次交易　第一桶金

本章学习目标

◇ 洽谈生意

了解淘宝开店交易需使用的沟通软件——阿里旺旺，并熟悉掌握阿里旺旺的使用技巧，以及其他更广泛的联系方式。

◇ 出售第一件商品

了解并学会网上交易的整个流程，学会如何修改商品价格、如何选择物流发货，以及出售之后的相互评价等细节。

◇ 款项处理

学会如何从支付宝提现到银行卡，查询网店上的交易明细等，并学会如何处理售出商品的退款等方法。

洽谈生意

生意上门了，得与买家及时沟通。淘宝最常用的沟通方式是使用阿里旺旺，几乎 90%的交易都是通过阿里旺旺进行的。此外，还可以通过站内信的方式，以及在宝贝详情页面留言等方式完成交易。

一、使用阿里旺旺与买家交流

阿里旺旺是淘宝网上进行交易的最主要的聊天工具，方便及时。这里简单介绍阿里旺旺的使用方法。

1. 双击桌面阿里旺旺卖家版图标 ，打开阿里旺旺。

2. 输入阿里旺旺会员名与密码（与淘宝会员登录账号密码一致）。使用公共电脑时不要保存密码，单击【登录】进入阿里旺旺主界面，如图 4-1 所示。

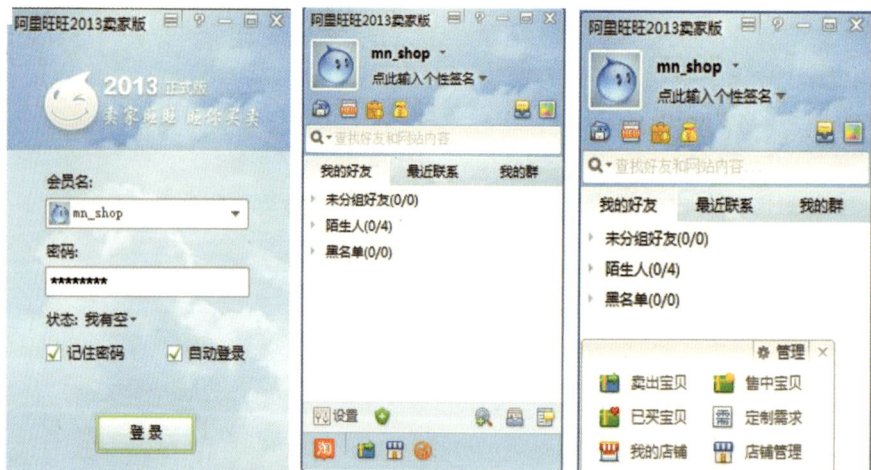

图 4-1　阿里旺旺登录与界面

3. 登录后可看到阿里旺旺的主界面，有点类似腾讯 QQ 的界面，界面上方为用户区，中间为好友区，下方为功能区。单击左下角的【淘】按钮，支持子账号免登录，方便子账号直接从阿里旺旺后台登录我的淘宝后台，并能直接使用淘宝网的许多功能，用法与淘宝网一致，如图 4-2 所示。

图 4-2　功能表

4. 如图 4-3 所示界面，当你登录阿里旺旺后，如果收到好友添加请求（屏幕右下角有阿里旺旺的小图标闪烁，双击），选择【加为好友】，单击【确定】按钮。

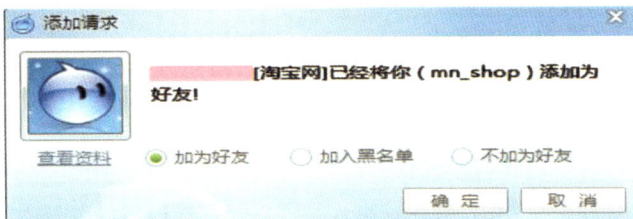

图 4-3　添加好友

5. 好友多的时候可以输入备注名称以帮助记忆。如图 4-4 所示，单击【显示名】可更改备注；单击【选择组】下三角按钮进行分组，完成后单击【完成】按钮。

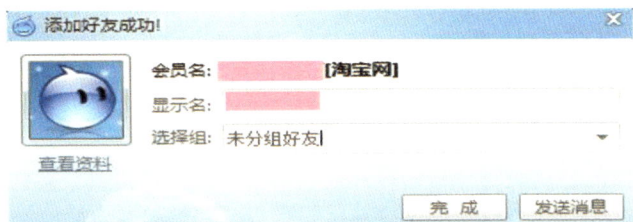

图 4-4　完成添加

6. 单击组名前的右三角图标打开该组，双击好友名称，打开与该好友的聊天窗口。如图 4-5 所示，主动问候好友，在对话框空白处单击以输入文字内容，单击黄色小头像来选择表情，完成后单击【发送】或按【Enter】键发送对话。

图 4-5　与买家沟通

二、将买家分组管理

当好友比较多的时候，为帮助记忆，需要将好友分组。阿里旺旺有 6 个分组，分别是家人、客户、朋友、同事、同学和未分组好友。另外，还可以添加分组或者将已有的分组重命名。

1. 单击组名左边的右三角图标，或者双击组名，将组展开。右击需要分组的好友，在出现的菜单中选择【移动好友】选项。在弹出的【选择组】对话框中选择将好友移动到的组，此步骤可单击【添加组】来添加新的分组，操作完成后，单击【确定】按钮，如图4-6所示。

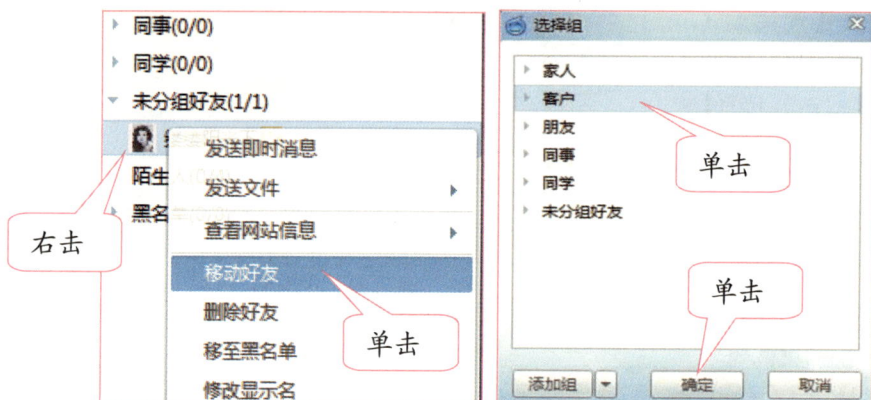

图4-6　分组管理

2. 好友已经被分到了新的一组，如图4-7所示。当然，也可以把好友直接拖到另一个组去。

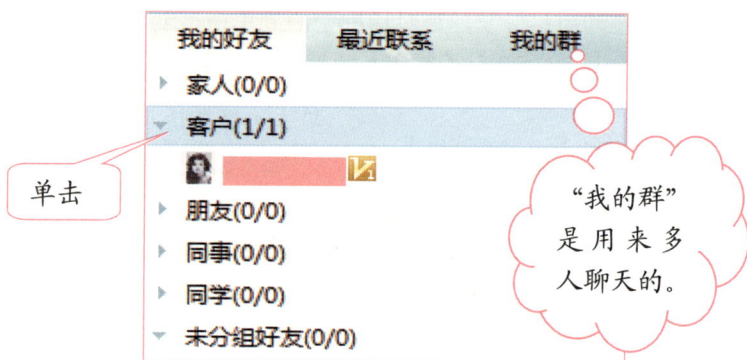

图4-7　新的分组

三、保管好聊天记录

阿里旺旺的聊天记录主要分为两种：本地聊天记录和在线聊天记录。本地聊天记录只要不删改旺旺程序，就不会消失。在线聊天记录是保存在阿里巴巴网站上的。

（一）将聊天记录保存到电脑上

将聊天记录保存到本地电脑有两种方式：【保存当前页】和【导出】方式。

将【当前页】聊天记录保存到电脑：此方式只储存聊天记录的当前页。文件打开后，以网页形式显示当前页的聊天记录。

1. 单击组名左边的右三角图标，或者双击组名，将组展开。右击好友，在出

现的菜单中选择【查看消息记录】选项，如图4-8
的右上图所示。选择【本地消息记录】，单击。

删除好友
移至黑名单
修改显示名
头像显示模式
只显示在线好友
设置重要性
查看消息记录

2. 看到聊天记录后，单击上方的【另存当前
页】，如图4-8的下图所示。

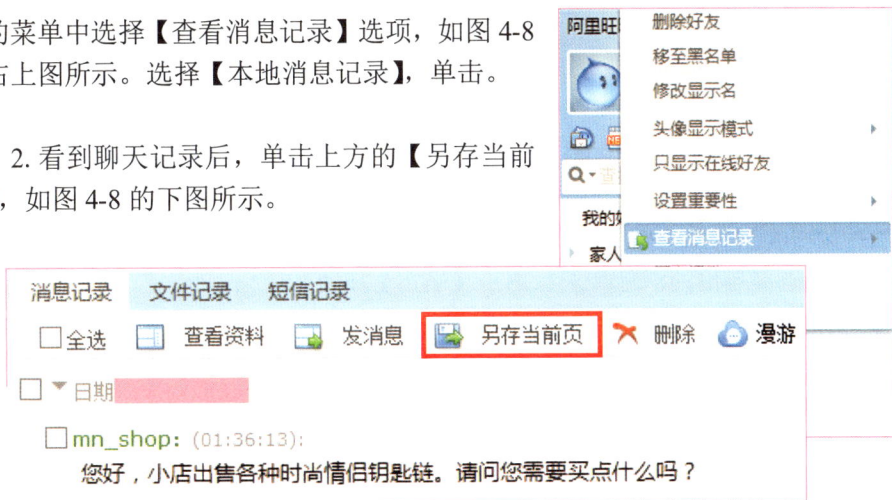

消息记录　文件记录　短信记录

□全选　□ 查看资料　□ 发消息　□ 另存当前页　✖ 删除　☁ 漫游

□ ▼日期

　□mn_shop: (01:36:13):
　　您好，小店出售各种时尚情侣钥匙链。请问您需要买点什么吗？

图4-8　保存聊天记录

3. 选择需要保存到的路径位置，单击文件名，输入方便记忆的文件名后，单击
【保存】按钮。这样聊天记录就被保存到本地电脑上了，如图4-9所示。

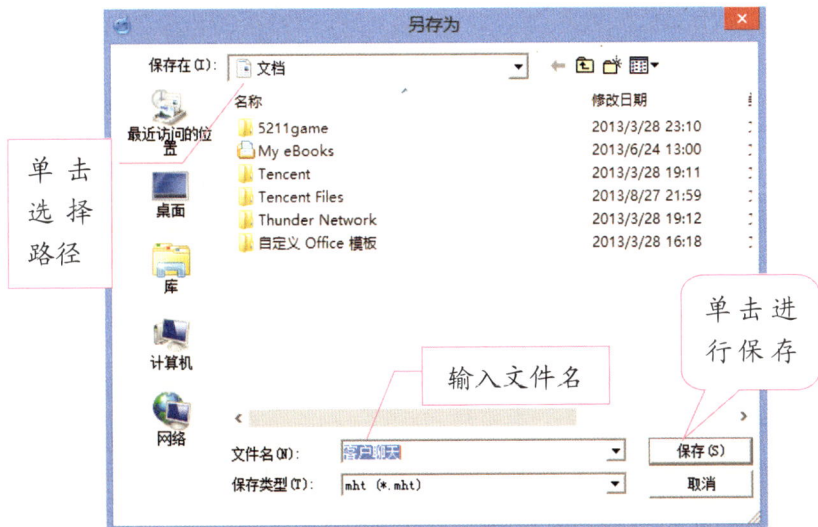

图4-9　聊天记录"另存为"对话框

将聊天记录导出到电脑：聊天记录导出后是以.wmd为扩展名存储在本地电脑
上的。

1. 在出现的菜单中选择【查看消息记录】选项，选择【本地消息记录】，单击。
在消息管理器的右上方单击红色方框内的【导出】按钮，如图4-10所示。

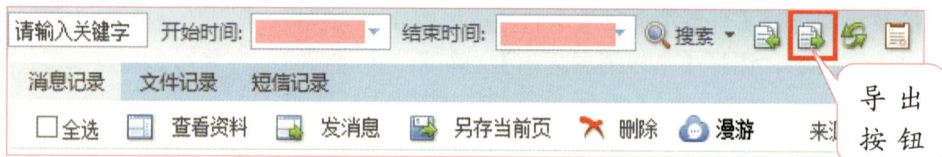

图 4-10　导出聊天记录

2. 如图 4-11，在弹出的列表中选择要导出的聊天记录的【开始时间】与【结束时间】，勾选要导出的消息类型，单击【确定】按钮。

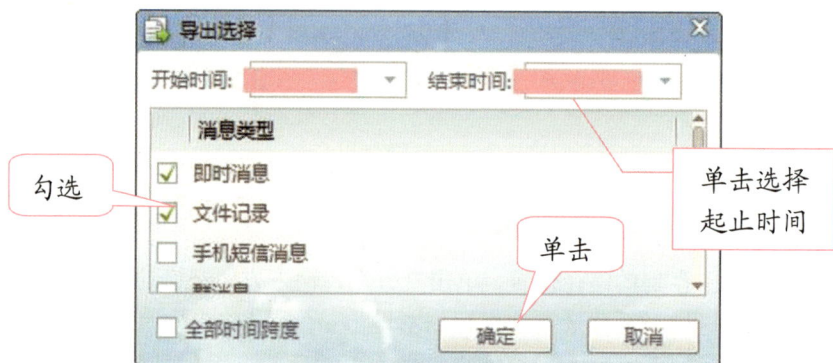

图 4-11　导出选择

3. 如图 4-12，选择需要保存到的路径位置，单击文件名，输入方便记忆的文件名后，单击【保存】按钮。

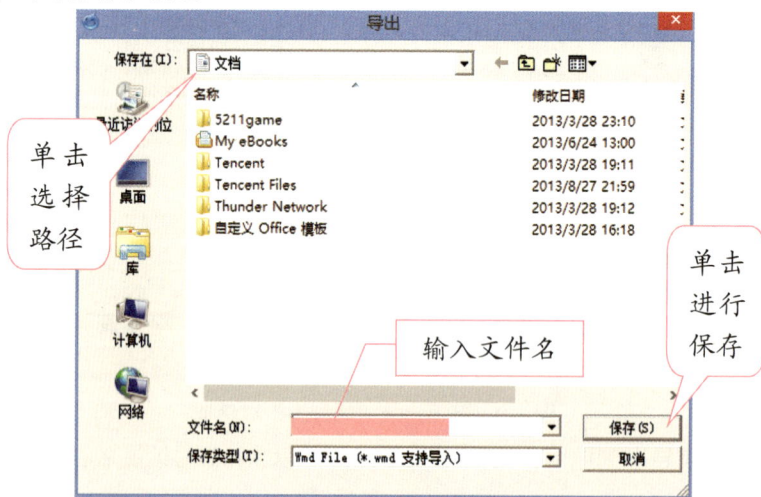

图 4-12　导出保存

4. 导出成功后，单击【确定】按钮，如图 4-13 所示。

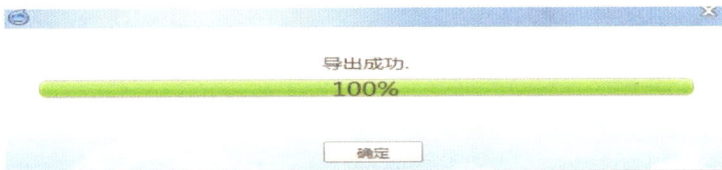

导出成功.
100%

确定

图 4-13　导出成功

5. 如图 4-14，打开导出文件所在的文件夹，可以看到刚才导出的文件是以 .wmd 格式存储的。

至此，聊天记录成功导出。

库
　视频
　图片
▶ 文档
　音乐

Thunder Network
自定义 Office 模板
　　　　　　-08-28
客户聊天

图 4-14　查看文件

（二）将聊天记录保存到阿里旺旺服务器

在线聊天记录是保存在阿里巴巴网站上的。即使在使用其他电脑，只要连上网络就可以查看聊天记录。聊天记录的保存时间与阿里旺旺的等级有关，0~5 级保存 7 天，6~17 级保存 15 天，18 级以上保存 30 天。在需要的时候可以提取聊天记录作为证据。

1. 单击组名左边的右三角图标，或者双击组名，将组展开。右击好友，在出现的菜单中选择【查看消息记录】选项。选择【在线消息记录】，单击，见图 4-15。

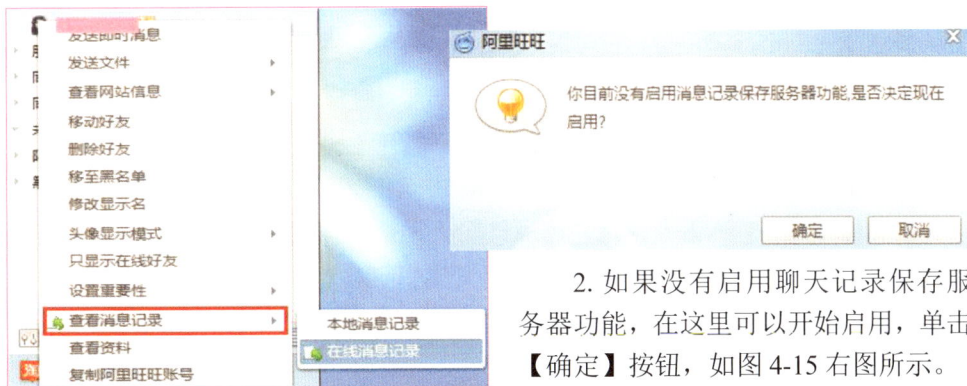

发送即时消息
发送文件
查看网站信息
移动好友
删除好友
移至黑名单
修改显示名
头像显示模式
只显示在线好友
设置重要性
查看消息记录　　　本地消息记录
查看资料　　　　　在线消息记录
复制阿里旺旺账号

阿里旺旺

你目前没有启用消息记录保存服务器功能,是否决定现在启用?

确定　　　取消

2. 如果没有启用聊天记录保存服务器功能，在这里可以开始启用，单击【确定】按钮，如图 4-15 右图所示。

图 4-15　在线消息记录

3. 启用聊天记录保存到服务器功能后，会弹出阿里旺旺的聊天记录在线查看系统网页，系统会提示你"设置在线聊天记录查看密码，保护信息安全"，单击【设置查看密码】按钮，如图 4-16 所示。

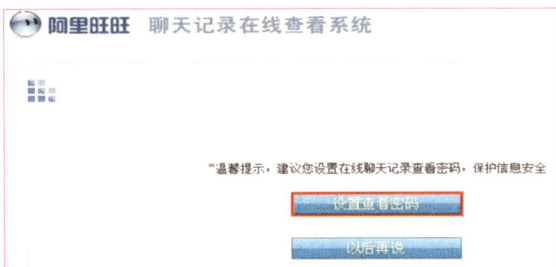

阿里旺旺　聊天记录在线查看系统

温馨提示,建议您设置在线聊天记录查看密码,保护信息安全

设置查看密码

以后再说

图 4-16　在线查看系统

4. 如图 4-17 所示，输入查看密码 2 次，单击【下一步】按钮。

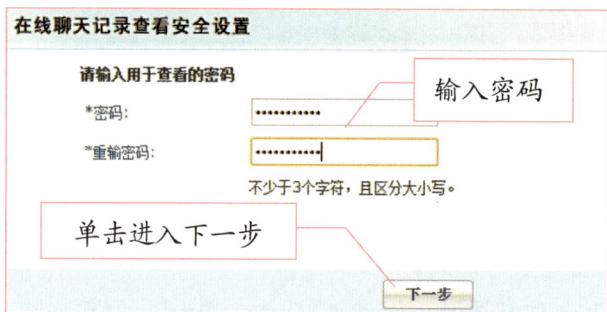

图 4-17　设置查看密码

5. 如图 4-18，输入邮箱账号，密码丢失后，可以通过该邮箱找回密码。

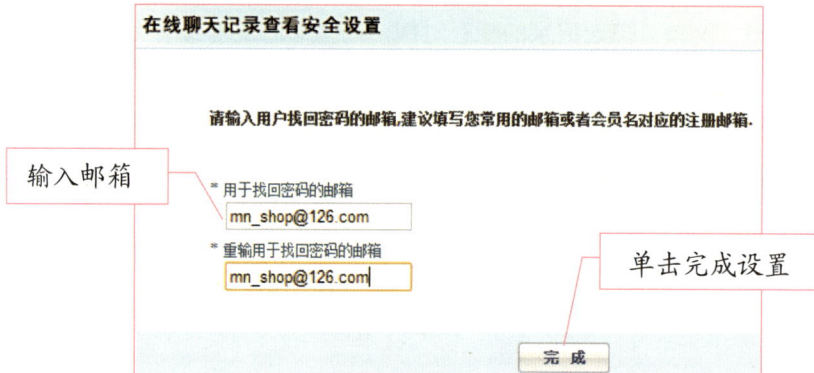

图 4-18　输入邮箱账号

6. 如图 4-19，输入好友信息并选择日期，单击【搜索】按钮，就可以在该网页下方看到聊天记录。由于服务器同步原因，当天的聊天记录不一定能显示。

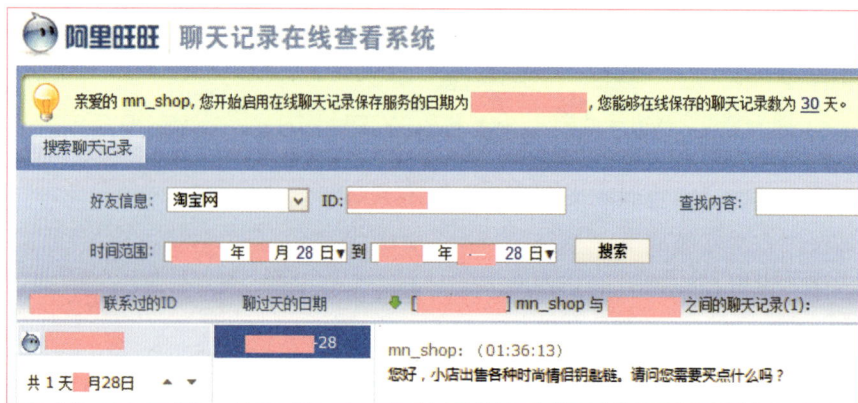

图 4-19　在线查看

四、更广泛的联系方式

电脑与网络的普及使人与人之间的沟通和交流变得越来越方便和容易。除了在电脑上安装阿里旺旺与客户聊天交易之外，我们还可以使用其他一些应用比较广泛的联系方式。

（一）短信旺旺

短信旺旺，也叫移动旺旺，是阿里旺旺（淘宝版）推出的"短信服务"，只需绑定手机即可。在有事外出时，可以用手机收取旺旺消息，并和阿里旺旺的旺友联系，随时随地做买卖。

要想使用短信旺旺的短信功能，需具备以下条件：拥有一部中文手机，手机要开通短信服务以及申请一个阿里旺旺账号。

绑定手机是免费的。从阿里旺旺发送短信，发送方付费，每条 0.1 元，由服务提供商从阿里旺旺账户中扣除费用，接收方是免费的，双方无任何月租费。当阿里旺旺离线时，只要已绑定手机，无需充值，便可显示阿里旺旺在线，即手机在线状态。下面介绍短信旺旺的绑定方法。

1. 如图 4-20，单击阿里旺旺主页面上"卖家版"后方的方框按钮，选择【短信旺旺】，单击【绑定手机】。

图 4-20　绑定手机

2. 由于你已经在淘宝网上绑定了手机号码，此步骤无需填写电话号码。若你想绑定其他的手机号码，可单击【绑定其他手机号码】。阅读后勾选最下方的同意用户协议，再单击【确定】按钮，如图 4-21 所示。

图 4-21　确定绑定

3.绑定成功后，系统会提示"恭喜您，已成功绑定手机号码××××××××××，并且开通阿里旺旺免费短信"。单击【完成】按钮，绑定完成。如图4-22所示。

（二）腾讯QQ

腾讯QQ是国内时髦的即时通信工具，其标志是一只小企鹅。腾讯QQ支持在线聊天、视频电话、语音聊天、点对点断点续传文件、QQ邮箱等多种功能，并可与手机等多种通信方式相连。

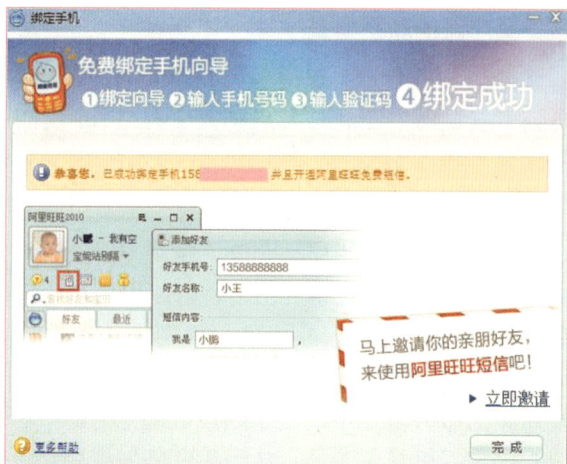

图4-22　绑定成功

QQ在线用户目前已经发展到在线人数超过2亿，是当今国内使用最广泛的聊天软件之一，尤其是在大学生等年轻人当中非常流行。QQ号码即为腾讯QQ的账号，全部由数字组成，注册时由系统随机生成，使用起来很方便。

1.腾讯QQ的主界面（图4-23），跟阿里旺旺很相似，各方面操作也很像，界面颜色可自己设置，最重要的是使用非常普遍。

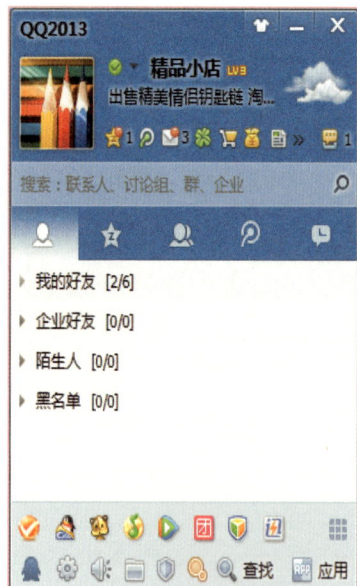

图4-23　腾讯QQ界面

2.QQ聊天窗口中也有各种生动活泼的表情，如图4-24所示。大多数年轻人都有上QQ的习惯，因此可以用QQ联系买家。

图4-24　QQ聊天窗口

（三）直接用电话联系买家

电话是现代人不可缺少的通信工具，现在移动电话几乎是人手一部。买家有时可能并不在网上甚至好几天不上网，这时就需要直接给客户打电话通知了。当网店规模大些的时候，可以为网店专门开设一部电话。接电话的时候要注意说话方式，语气要热情，要掌握一些最基本的打电话礼仪。

一般电话铃响 3 遍之前就应接听，响 6 遍后就应道歉："对不起，让您久等了。"拿起听筒的时候，一定要面带笑容，不要以为笑容只能表现在脸上，它也会藏在声音里。亲切、温情的声音会让对方马上对我们产生良好的印象。说话声音不宜过大或过小，吐词要清晰，保证对方能听明白。通话时，首先应该简明清晰地告诉客户你是谁。在电话旁常备笔和纸，对客户的要求记录清晰，最后应向客户重复一下客户的要求是否与记录的一致，并等待对方先挂电话。

图 4-25　电话沟通

出售第一件商品

终于有生意啦，真是功夫不负有心人啊。买家拍下商品后，卖家高兴归高兴，重要的是还要做好发货工作。根据买家的要求，选择划算又安全的物流公司。买家收到货并评价之后，卖家还要对买家进行评价，并提取从支付宝打来的款项，到此一笔成功的交易就算完成了。

一、修改交易价格

在买家没有付钱买下商品之前，都是可以修改价格信息的。个别买家会跟你讨价还价，比如可能会让你包邮。你如果答应了买家，可以让买家先拍下商品，你再去修改价格，修改之后可以给买家的旺旺留言，通知他价格已经修改，请他付款。

1. 打开【我的淘宝】页面，在【卖家中心】左侧栏中找到【交易管理】栏目下的【已卖出的宝贝】，如图 4-26 所示。单击该选项。

2. 如图 4-27 所示，在右侧已卖出商品列表里找到需要修改价格的商品，可以看到商品的交易状态是【等待买家付款】，单击【修改价格】。

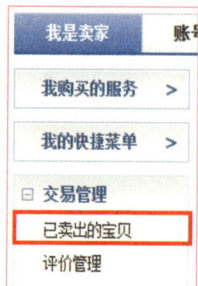

图 4-26　选择卖出商品　　　　　图 4-27　修改商品价格

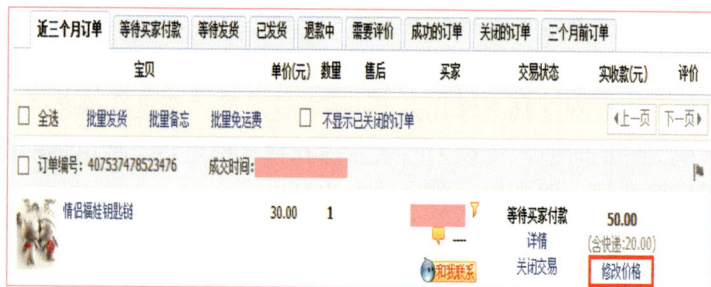

3. 买家应付价格=原价+涨价或折扣+邮费。如图 4-28 所示，输入相应涨价或折扣，修改邮费。单击【确定】按钮。

图 4-28　修改价格及邮费

4. 价格修改后，最好给买家留言。如图 4-29 所示，单击订单信息上的旺旺头像【和我联系】，打开和对方的旺旺聊天窗口，告诉买家价格已修改好，可以付款了（当价格修改后，阿里旺旺也会自动生成系统消息通知买家价格已修改）。

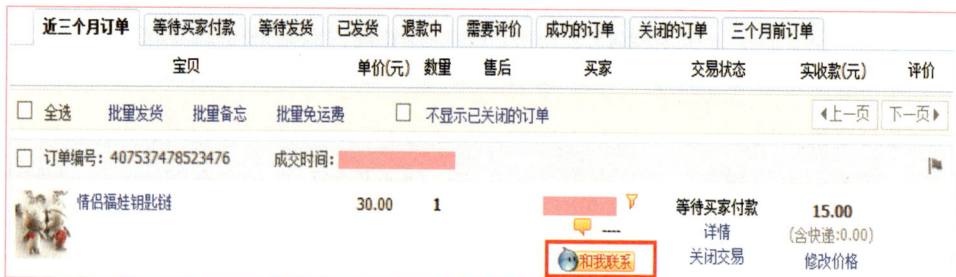

图 4-29　联系买家

至此，商品价格修改完毕，等待买家付款。

二、选择物流发货

买家付款后，就该给买家发货了。若选好物流公司，发货可以省下很多钱。淘宝网有专门的合作物流公司，可以看看物流推荐指数。物流推荐指数一般作为衡量物流公司服务的指标。卖家可以通过淘宝网在线下单功能选择物流公司，也可以自行选择派送的物流公司。

目前，与淘宝合作的物流公司有：邮政速递服务公司、申通 E 物流、圆通速递、中通速递、天天快递、宅急送、韵达快递等。其中，邮政同时提供网上 EMS 和 E 邮宝两种服务产品。物流发货方式包括平邮、快递、EMS 三种，这是由买家选择和指定的。

1. 通过【已卖出的宝贝】或者卖家提醒里的【待发货】列表，查看需要发货的订单。在右侧等待发货的订单列表中，单击状态是【买家已付款】交易状态下方的【发货】按钮，如图 4-30 所示。

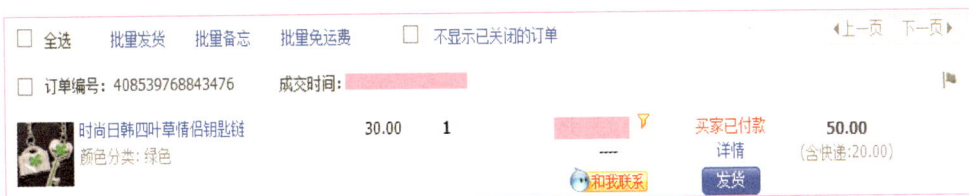

图 4-30　待发货

2. 在出现的界面（图 4-31）可以看到第一步为【确认收货信息及交易详情】，而第二步中【确认发货/退货信息】的发货与退货信息还没设置默认发货地址，单击下方的【请设置了再发货】。

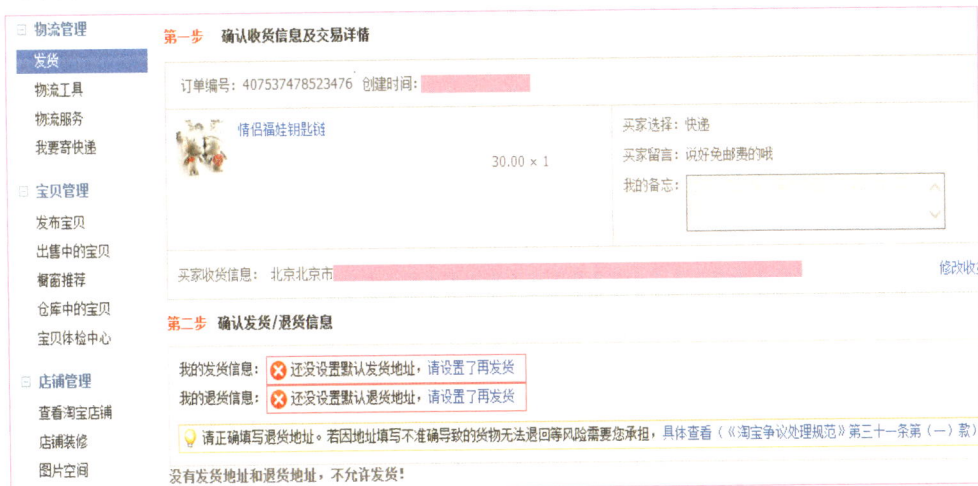

图 4-31　填写发货信息

3. 如图 4-32 所示，填写你的真实姓名、所在地区及详细街道地址、邮编、手机号码。填写完毕后，单击【保存设置】按钮。

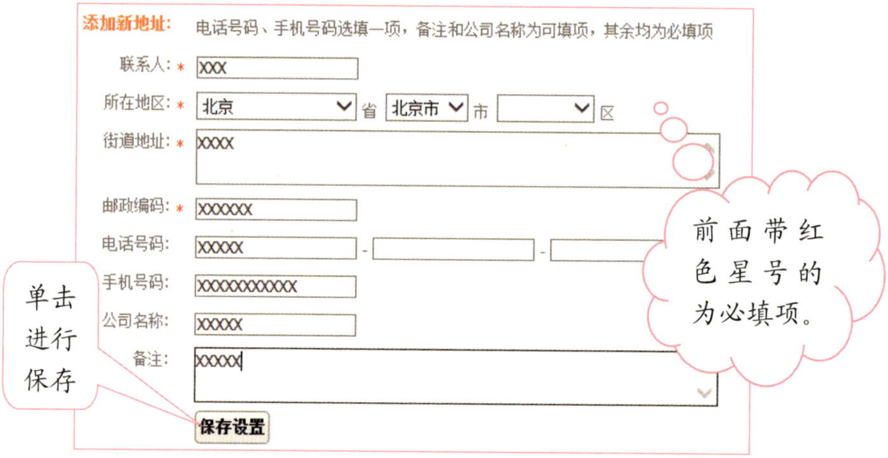

图 4-32　填写地址信息

4. 如图 4-33 所示，核实买家的收货地址、联系方式及物流公司上门取货的详细地址和联系方式。如有差错可单击右方的修改信息予以修改。

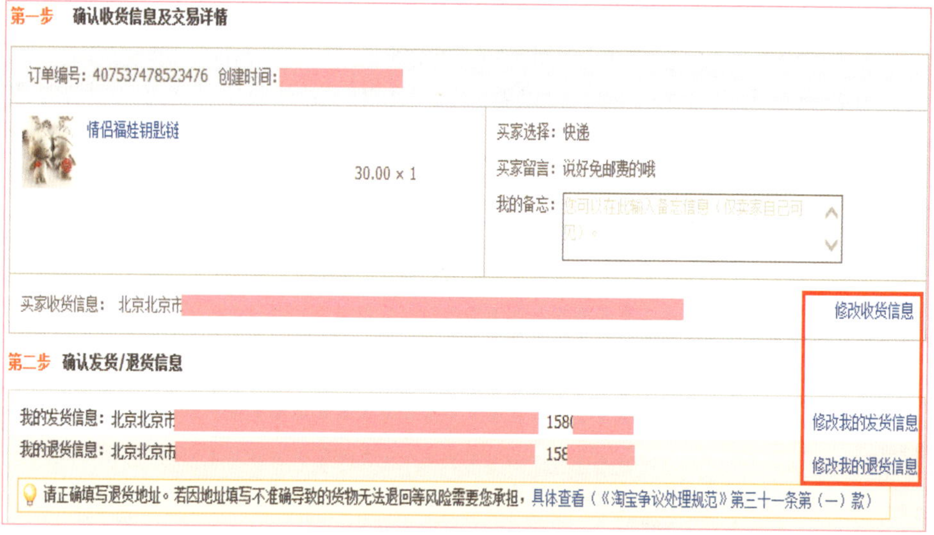

图 4-33　核实信息

5. 如图 4-34 所示，单击【在线下单】。单击要选择的物流公司后面的【选择】按钮。填写好正确的运单号后，单击【确认】按钮，物流公司将上门收取货物。交易状态就会由【买家已付款】变为【卖家已发货】。如果下单时没有运单号，也可以选择在物流公司取件后再填写运单号。在这里还可以选择【自己联系物流】。如果是卖虚拟产品或是自己上门送货，则选择【无需物流】。

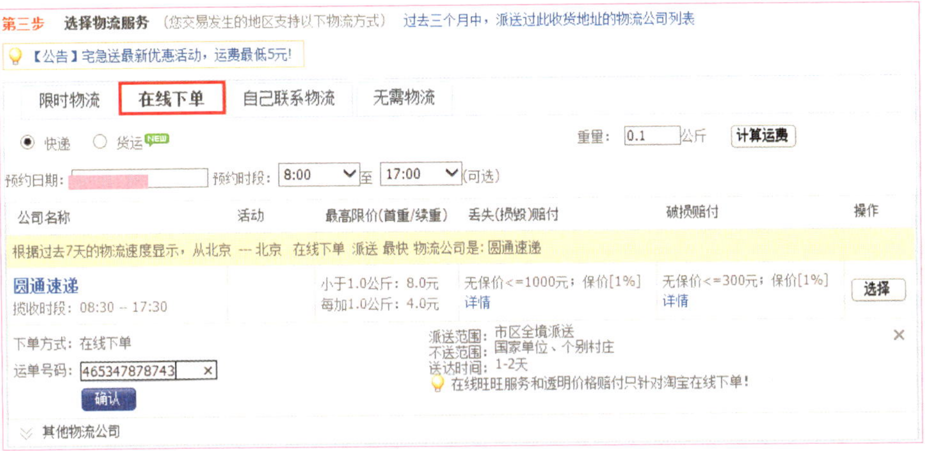

图 4-34 在线下单

三、为买家作出评价

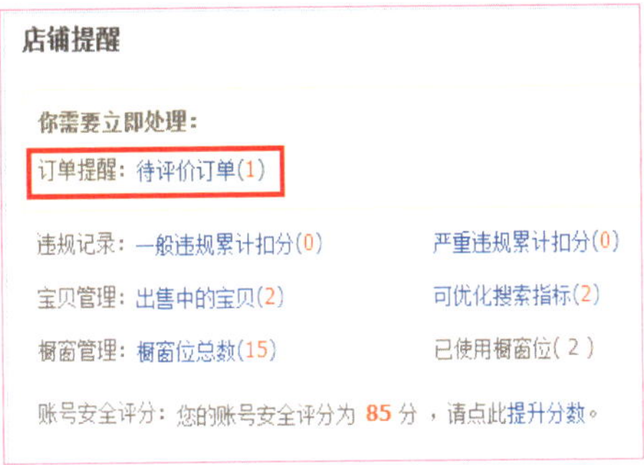

图 4-35 店铺提醒

买家收到商品之后，应该登录淘宝网对商品作出评价。评价之后，支付宝就会把货款打到卖家的支付宝账号，这时候卖家就应该对买家作出评价了。

1. 买家评价商品后，在【卖家中心】的【店铺提醒】中可以看到【待评价订单（1）】，表示有一项交易需要评价。单击该按钮，查看待评价信息，如图 4-35 所示。

2. 如图 4-36 所示，找到交易状态是【交易成功】的订单，单击【对方已评】下方的【评价】，准备评价买家。若想查看对方的评价内容，可以单击商品图片或名称进入宝贝详情页面，在评价详情里查看对方给你的评价内容。

图 4-36 交易状态

3. 在好评下方的红色花朵前单击选择好评，输入评价内容，单击【提交评论】。

4. 评价成功了，得到一个好评。再过 30 分钟才能看到评价过的宝贝。可以单击下方的链接，进行其他相关操作或者关闭该页面。评价过程如图 4-37 所示。

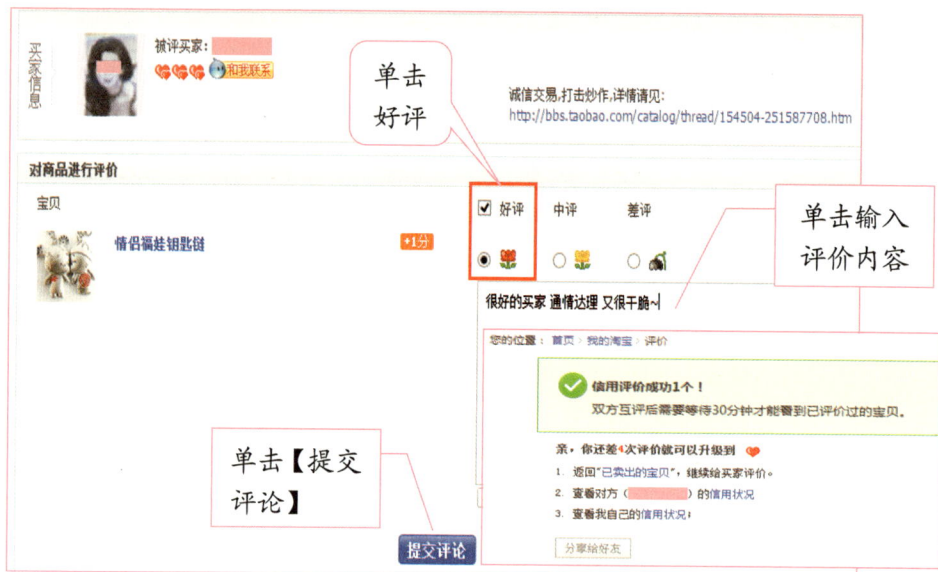

图 4-37　评价买家

款项处理

交易成功后，需要查询账户明细，对支付宝进行提现操作。交易过程中，有时会遇到很多意想不到的问题，交易可能不会很顺利。比如买家事后要求退款时，退款的要求是否合理，具体的退款程序、退款规则等，都要熟练掌握。

一、从支付宝中提现

买家给予好评之后，支付宝就会把钱打到卖家的支付宝账号里，卖家就可以把钱从自己的支付宝账户转到自己的银行账户里了。

1. 单击【卖家中心】，在【卖家工作台】中的【支付宝专区】中可以查看支付宝的账户余额、本期对账单、交易记录等信息，也可以进行提现和转账付款等操作，这里我们单击【提现】按钮，如图 4-38 所示。

图 4-38 支付宝专区

2. 如图 4-39 所示，在出现的界面可以看到"提取余额到银行卡"以及你的支付宝余额，单击【选择银行卡】后方的【添加银行卡】。

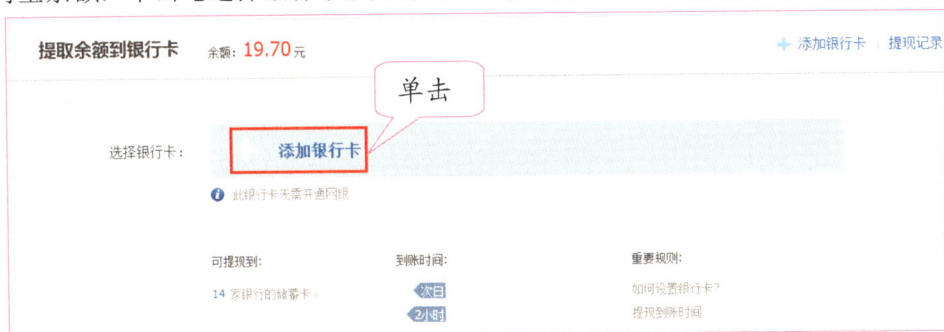

图 4-39 提取余额到银行卡

3. 然后系统会跳转到支付宝的登录界面，输入你的支付宝账号（注册邮箱）以及密码，勾选【安全控件登录】后，单击【登录】按钮。并在支付宝首页中单击【提现】按钮，如图 4-40 所示。

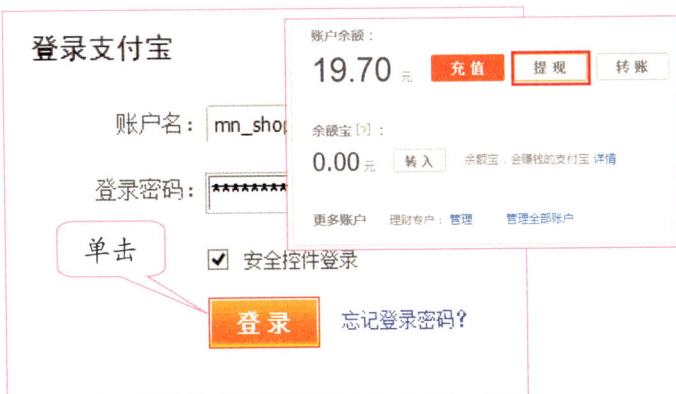

图 4-40 登录支付宝并提现

4. 如图 4-41 所示，选择开户银行所在的城市以及银行并输入银行卡号后，单击【保存账户】。

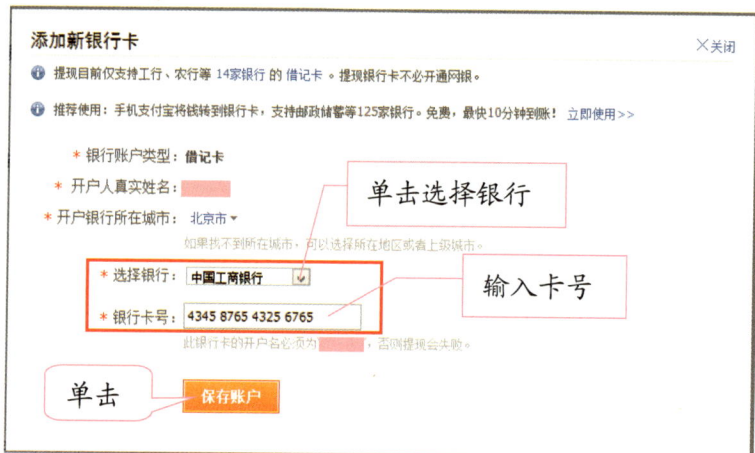

图 4-41　添加新银行卡

5. 如图 4-42 所示，输入提现金额并选择到账时间后，单击【下一步】。

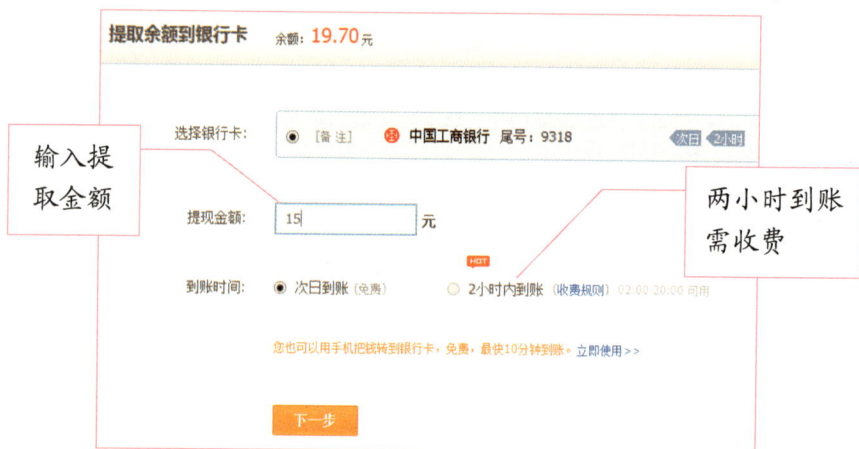

图 4-42　提现金额与时间

6. 提现时需要输入支付密码，输入后单击【确认提现】按钮。

提示　提现银行账户不一定需要开通网银，但必须户名一致，而且没有被其他支付宝账户绑定。注意，不要使用你的工资卡和已经注销的银行卡账号。填写正确的银行卡号，否则会导致你的支付宝提现失败。

7. 提现申请成功后，提现款项暂时被冻结。你可以在 1~2 个工作日后查看银行账户金额，如图 4-43 所示。

图 4-43 确认提现与提现提交

二、账户明细查询

当交易款项较多时需要查询账户明细，可在支付宝首页查询。

1. 如图 4-44 所示，进入支付宝首页，在【我的支付宝】常用功能中，单击【收支明细】。

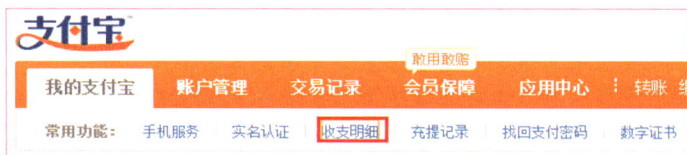

图 4-44 我的支付宝

2. 如图 4-45 所示，单击【更多筛选方式】，输入起止日期，单击【筛选】按钮，开始查询该日期范围内的账户明细情况。

图 4-45　筛选方式

3. 单击【筛选】后，页面如图 4-46 所示，它包括所选择日期内的交易信息，如商户订单号、业务流水号、交易成功日期、交易类型、具体金额等。

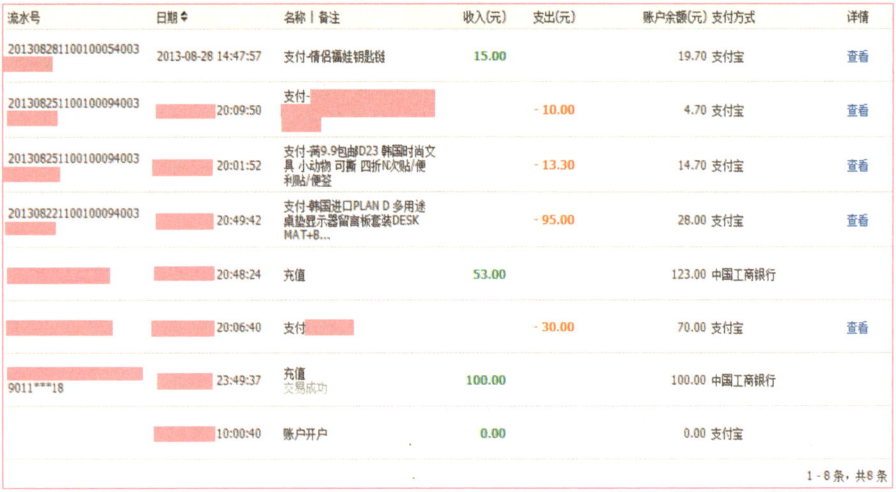

图 4-46　账户明细内容信息

三、处理退款

买家收到了货物，但是由于商品与卖家网上描述不符或者其他交易问题，买家要求退货，那么可以在收货确认前及时申请退款。买家申请退款后会等待卖家确认，卖家可以查看买家的退款状态。

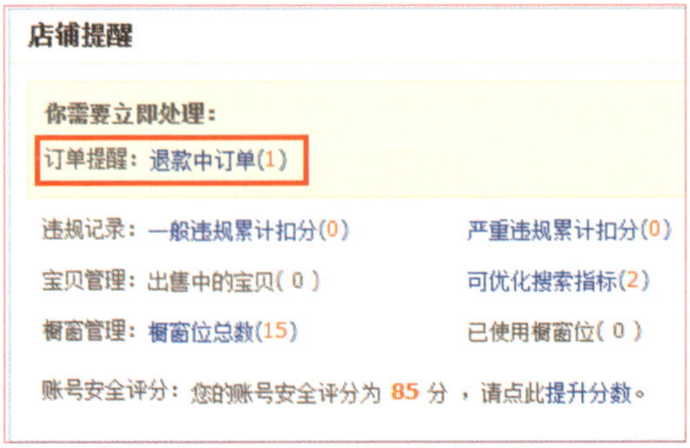

图 4-47　退款提醒

1. 买家申请退款后，在【卖家中心】的【店铺提醒】中可以看到【退款中订单（1）】，表示有一项交易需要退款，如图 4-47 所示。单击该按钮，查看退款信息。

2.单击后，页面转入【我收到的退款申请】，如图 4-48 所示，需要退款的订单后的状态是【退款申请 等待卖家确认中】，单击状态后的【查看】按钮。

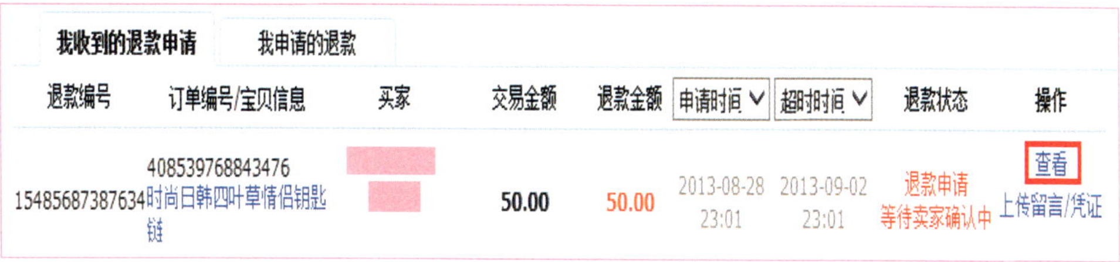

我收到的退款申请	我申请的退款							
退款编号	订单编号/宝贝信息	买家	交易金额	退款金额	申请时间▼	超时时间▼	退款状态	操作
15485687387634	408539768843476 时尚日韩四叶草情侣钥匙链		50.00	50.00	2013-08-28 23:01	2013-09-02 23:01	退款申请 等待卖家确认中	查看 上传留言/凭证

图 4-48　退款订单

对于买家提出的退款申请，卖家可以选择同意或者拒绝。

（一）拒绝买家退款申请

如果觉得买家的申请不合理，可以拒绝退款。

1.卖家有 5 天的时间来处理退款协议。如图 4-49 所示，单击【拒绝退款】按钮，拒绝买家的退款申请。

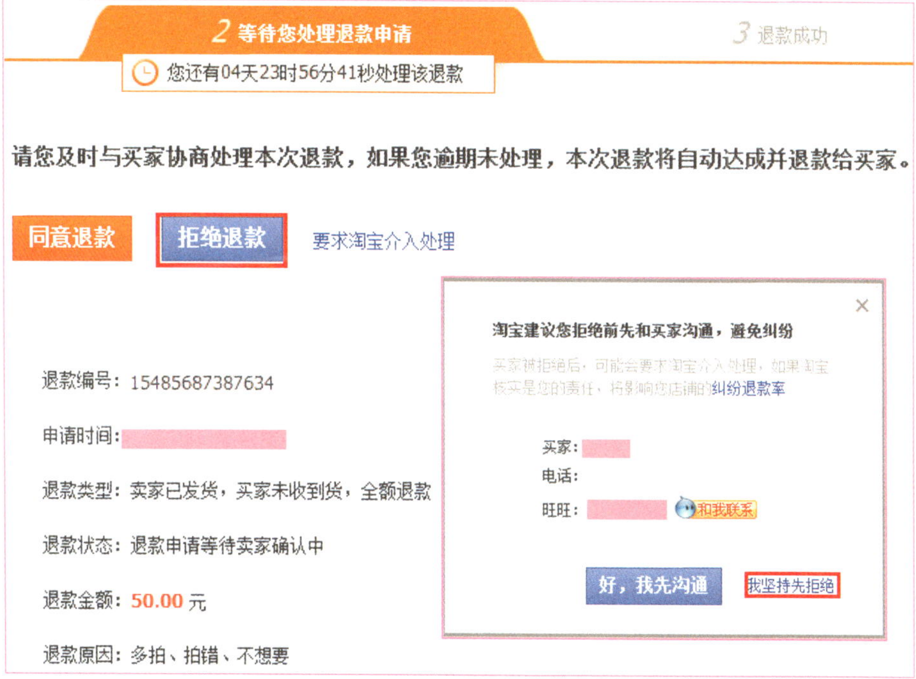

图 4-49　拒绝退款

2.这时淘宝会建议你拒绝前先和买家沟通来避免纠纷，如果你坚持拒绝，可单击【我坚持先拒绝】，如图 4-49 所示。

3. 填写拒绝说明。单击【选择上传的图片】来上传凭证。若有多个凭证，可继续单击【选择上传的图片】。最后，单击【拒绝退款申请】，如图 4-50 所示。

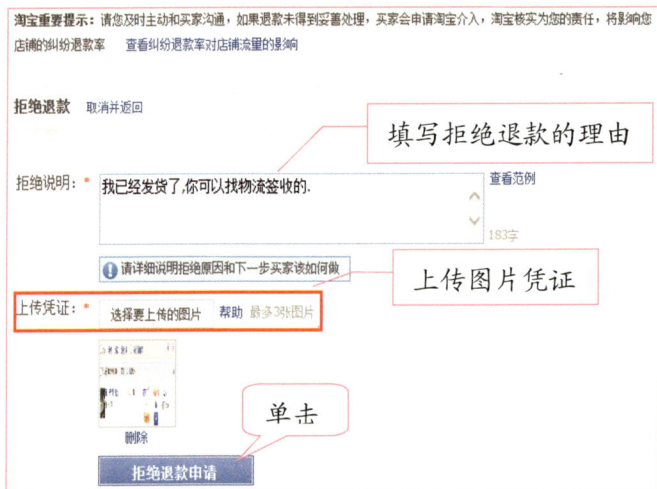

淘宝重要提示：请您及时主动和买家沟通，如果退款未得到妥善处理，买家会申请淘宝介入，淘宝核实为您的责任，将影响您店铺的纠纷退款率　查看纠纷退款率对店铺流量的影响

拒绝退款　取消并返回

拒绝说明：我已经发货了，你可以找物流签收的.　　　查看范例

填写拒绝退款的理由

请详细说明拒绝原因和下一步买家该如何做

上传凭证：选择要上传的图片　帮助 最多3张图片

上传图片凭证

删除

单击

拒绝退款申请

图 4-50　拒绝说明与凭证

4．如图 4-51 所示，这时你已拒绝退款申请，买家将有 7 天的时间来处理本次退款申请，如果买家逾期未处理，本单退款将自动关闭。

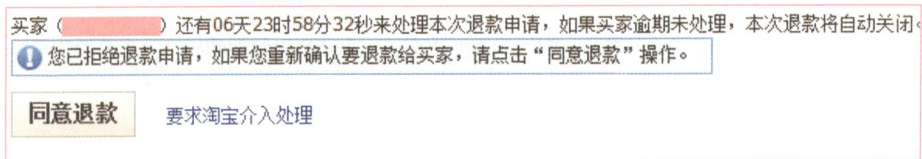

买家（　　　　）还有06天23时58分32秒来处理本次退款申请，如果买家逾期未处理，本次退款将自动关闭。
您已拒绝退款申请，如果您重新确认要退款给买家，请点击"同意退款"操作。

同意退款　要求淘宝介入处理

图 4-51　拒绝退款

（二）同意买家退款

如果确实是因为自己的原因导致买家申请退款，在说服不了买家的情形下应该同意买家的退款申请。

请您及时与买家协商处理本次退款，如果您逾期未处理，

同意退款　拒绝退款　要求淘宝介入处理

退款编号：15485687387634

申请时间：

退款类型：卖家已发货，买家未收到货，全额退款

退款状态：退款申请等待卖家确认中

退款金额：50.00 元

退款原因：多拍、拍错、不想要

图 4-52　同意退款

1. 同意买家的退款申请，可单击【同意退款】按钮，如图 4-52 所示。

2. 输入支付宝账户的支付密码，单击【同意退款协议】按钮后，系统弹出"点击'同意退款协议'按钮，相关货款将立即退还给买家！是否继续？"提示对话框，单击【确定】按钮，确认退款。

3. 此时货款已经由支付宝退还到了买家的支付宝账户，退款成功。
这个退款过程见图4-53所示。

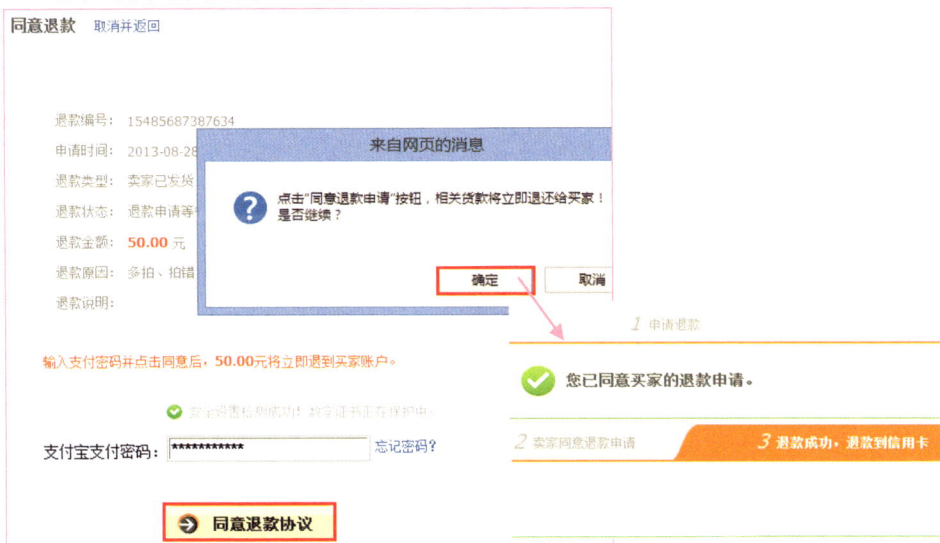

图4-53　退款成功

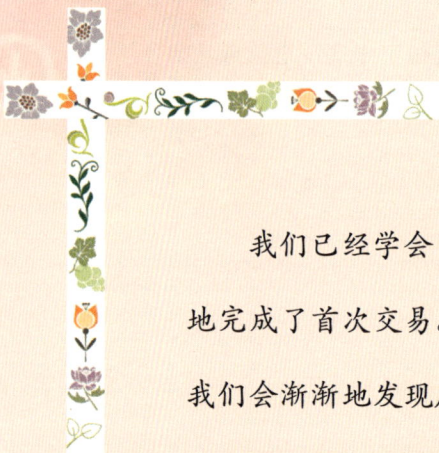

我们已经学会了如何在网上开店做生意，并成功地完成了首次交易。但是，在接下来的一段时间内，我们会渐渐地发现店铺的访问量以及销售量并不是那么理想，这一定程度上是因为我们对店铺的宣传力度还不足以让众多买家发现我们的商品。

在如今网络媒体及广告媒体盛行的时代，想要从众多网络店铺中脱颖而出，仅靠商品的物美价廉是不够的。还需让众多买家知晓你的店铺的好宝贝以及好服务，是一家值得买家流连忘返的店铺。

网店的宣传与实体店铺宣传不同，实体店的宣传需要投入资金，而网店则不需花钱或者花很少量的钱，只需掌握一些网络的宣传技巧，就能提高店铺的人气和知名度。本章将介绍这些网上宣传的技巧与方法。

第五章
做好宣传 增加访量

本章学习目标

◇ **做好淘宝店内宣传**

　　介绍淘宝店内的公告栏与商品分类区推广的宣传方法。

◇ **积极参加淘宝活动**

　　介绍卖家如何参加淘宝活动、加入淘宝商盟、淘宝直通车及淘宝客推广。

◇ **淘宝社区宣传**

　　介绍淘宝社区与淘宝论坛的特点以及宣传方式等。

◇ **个人主页宣传**

　　介绍如何在淘宝个人主页中设置头像与昵称、分享精彩图片以及写心得攻略等。

◇ **聊天工具宣传**

　　介绍如何利用阿里旺旺、腾讯QQ以及新浪微博等工具来宣传店铺。

做好淘宝店内宣传

淘宝店铺本身就有很多地方可以用来宣传，例如店铺公告栏、商品分类区，等等。我们可以在这些地方加上自己店铺的关键字，将这些有限的区域利用起来。

一、巧用公告栏宣传

店铺的公告栏是很好的宣传位置：首先，公告栏在店铺页面上很显眼的位置；其次，店铺公告是动态的。我们可以利用公告栏把店铺的吸引人的文字写上去，让动态的公告来向买家宣传店铺的商品或者活动信息。店铺公告允许的字数较多，可以写下大量带有关键字的广告，如图 5-1 所示即为某网店的店铺公告。

公告栏可以随时发布滚动的文字信息，也可以通过网页代码发布图文配合的公告信息让公告栏更清晰、美观，并且可以加入动画，让效果更醒目。这是宣传推广最新发布的产品、最新促销信息、重要通知的好工具。我们可以将普通店铺的公告比喻成唯一可自由发挥的小天地，因为店铺当中只有这里才能发布文字、图片，还能发布动画。

SHOP NOTICE ·店铺公告

店铺公告 [Shop Notices]：
包邮条件:江浙沪皖地区，正价商品满两件包邮；其他地区，正价商品满三件包邮；不包邮地区：港澳台、青海、西藏、新疆、甘肃、宁夏、内蒙古；包邮只限首重哦~
快递：默认韵达、圆通快递~~~发其他快递请联系客服，并补差价，申通补2元差价；顺风建议发到付；不发中通、EMS、E邮宝
发货时间：付款后48小时内发货，有特殊约定的额除外~~~周末休息不发货
开店时间：AM9:00-PM23:00

温馨提示 [Shop Prompt]：
本店所有出货产品均有实物拍摄，但每台电脑所显示的颜色多少有差异，对颜色过于敏感的mm请谨慎购买。

售前客服:丝袜奶茶　和我联系　珍珠奶茶　给我留言　大鹏　给我留言
在线时间：AM9:00-PM23:00【请联系亮灯客服，周末只接单不发货哦！】

图 5-1　店铺公告

二、妙用商品分类区推广

店铺分类也很讲究。要想有更多的人进入你的店铺，不仅要把店铺分类区做得美观，更重要的是分类区的关键字也要选得好。

店铺分类关键字与店铺名称关键字的重要程度几乎不相上下。有的店铺掌柜为

了使店铺变得漂亮，采用全图片的店铺分类。全部用图片分类是很美观很形象，但是会降低网页打开的速度。如果你的店铺因为图片太多半天打不开，买家是没有耐心一直等着它打开的。所以，不能只注重美观，更要注重实用。将商品按主次分类，可以让主要商品以图片的方式显示在类目列表里，其他商品用文字分类就可以了。最好在分类的名称中加一些广告语，这样效果会更好。

另外，商品分类不要太多，否则就失去了分类的本来作用。图 5-2 所示为某网店商品分类区的推广。

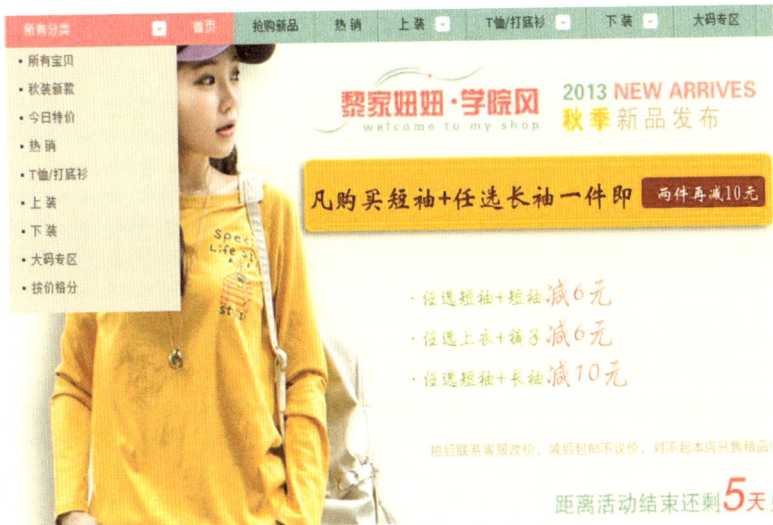

图 5-2　商品分类

积极参加淘宝活动

淘宝网经常会举行很多促销类、招商类、培训类、店铺街等活动；积极参加这些活动，可以起到很好的宣传效果。淘宝网还有各种各样的"组织联盟"，作为新手卖家，也应该积极加入这些组织，这样可以很快学到很多东西，快速提高自己对淘宝开店的了解。

一、参加淘宝活动

卖家可以积极报名参加淘宝网举行的各种活动，这不仅可以宣传、推广你的店铺，还能结交很多朋友。淘宝有部分活动会作为增值服务进行适当的收费，在活动报名专区可选择适合自己及对店铺有利的活动。在加入这些活动之前，先确认推广账户余额、星级、好评率等是否符合收费活动的报名条件。

如图 5-3 所示，通过执行【我的淘宝】|【卖家中心】|【活动报名】找到淘宝组织的所有活动列表。淘宝有部分活动支持同一卖家的多件商品报名，即若你报名的商品符合活动条件，可以在同一活动中提交多个商品报名。报名成功后，可以在【我的淘宝】|【活动报名】|【已报名的活动】中单击宝贝详情，查看多个宝贝的报名信息。

图 5-3　淘宝活动报名

二、走进淘宝商盟

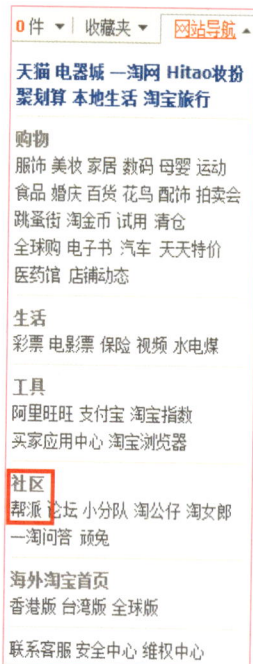

图 5-4　淘宝商盟

商盟是由淘友申请，由淘宝大学审核考察、审批同意并授权的淘宝民间官方组织，经审批后，商盟可以吸收符合条件的盟友加入，参与淘宝大型活动，并接受淘宝考核。盟友加入淘宝商盟完全免费。成立商盟的目的是为了给淘宝会员提供一个自由交流、互相学习成长的平台，让淘友找到自己的归属感，同时发扬互帮互助的精神。加入商盟后，旺旺和店铺会有商盟会员的标记，且淘友能得到更多培训机会。

（一）商盟入盟要求

加入商盟的要求：实物和虚拟物品混卖的卖家，信用达到 3 星以上，其中虚拟交易不得占 25%以上；纯虚拟物品交易的卖家，信用 3 钻以上，好评率不得低于 99%；无任何处分；店铺商品数目大于 50 个；上个月纠纷退款笔数不得大于 6 笔，纠纷退款率低于 0.1%；注册时间不得少于 6 个月，或者开店时间不得少于 3 个月。图 5-4 为淘宝商盟入口。

每个商盟的加入门槛是不一样的，报名方法也不完全一样。一个卖家最多只能同时加入两个商盟。

（二）进入淘宝商盟的方法

1.单击淘宝网首页右上角的【网站导航】，找到【帮派】并单击。

2.在页面上方的类目中单击【网店】按钮。

3.在下方的文字类目中单击【淘宝商盟】，就可以看到许多淘宝商盟的列表了。操作流程如图 5-5 所示。

图 5-5　淘宝商盟

三、加入淘宝直通车

淘宝直通车是为淘宝卖家量身定做的推广工具。按照点击付费，展示是免费的。广告位极佳，广告针对性强，只有搜索你的宝贝的人才能看到你的广告。被直通车推广的宝贝出现在搜索宝贝结果页面的右侧和最下端，以图片和文字的形式展现。虽然你推广的是单个宝贝，但很多买家都会进入你的店铺里去看，一个点击带来的可能是几个成交，久而久之店铺人气自然就高起来了。这种整体连锁反应，是直通车推广的最大优势。

● 宝贝搜索结果页面右侧的直通车广告。被直通车推广了的宝贝在淘宝网上出现在搜索宝贝结果页面的右侧，如图 5-6 所示。

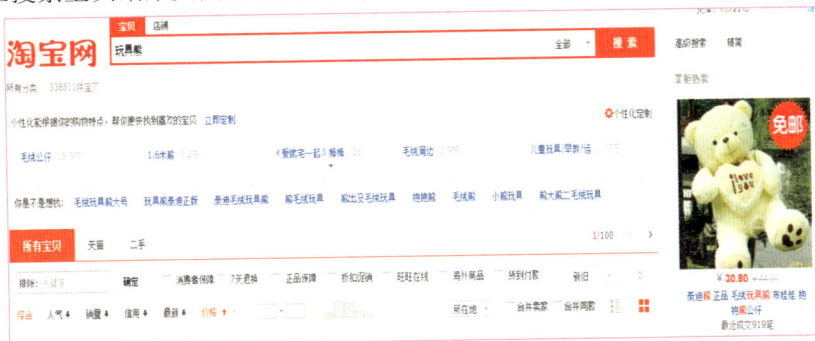

图 5-6　右侧直通车广告

宝贝搜索结果页面最下方的直通车广告。被直通车推广了的宝贝在淘宝网上出现在搜索宝贝结果页面的最下方，如图 5-7 所示。

图 5-7　页面最下方直通车广告

要加入淘宝直通车推广,卖家可以在搜索结果页面中单击【我也要出现在这里】链接，就会出现加入直通车的页面。

● 加入直通车的条件。

级别达到两颗心（11 个好评）以上的淘宝卖家才能加入直通车。成人/避孕用品/计生用品/古董/邮币/字画/收藏/零食/坚果/茶叶/特产/奶粉/辅食/营养品/品牌手表/流行手表/腾讯 QQ 专区等主营类目的卖家需要先加入【消费者保障计划】才能开通直通车。见图 5-8。

● 进入淘宝直通车。

图 5-8　信用条件

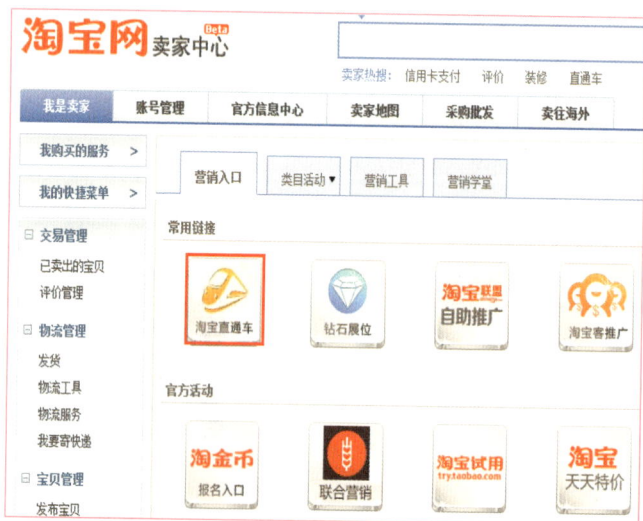

图 5-9　淘宝直通车

进入淘宝直通车推广页面，如图 5-9 所示。需单击【我的淘宝】>【我是卖家】>【我要推广】>【淘宝直通车】>【马上进入】链接。淘宝首页热卖单品的每个类目的直通车都会有【淘宝小二】负责。如果你的宝贝还想更上一层楼，而且准备用于推广的银子足够的话，就参加首页的单品推广活动吧，它会让你更快、更容易地获得成功。

四、加入淘宝客推广

淘宝客推广是淘宝客帮助淘宝卖家推广商品的一种形式。淘宝客按照成交效果获得佣金，可以是个人或者网站。

（一）淘宝客推广形式

淘宝客推广是一种按成交计费的推广模式。淘宝客只要从淘宝客推广专区获取商品代码，任何买家通过淘宝客的推广链接进入淘宝店铺购买商品并确认付款，就能赚取由卖家支付的佣金。

淘宝客推广的形式包括：淘宝搜索框推广；整页的商城频道推广；活动主题图片、链接推广；店铺链接、图片、文字推广；单品链接、图片、文字链接推广；部署相应广告位代码，展示商品广告牌的智能推广。见图 5-10 所示。

图 5-10　淘宝客推广

（二）加入淘宝客推广

如果你是淘宝 1 心级别及以上卖家，就可以把自己需要推广的商品发布到淘宝客平台上，让所有互联网用户都可以成为你的无底薪推销员。简单点说就是：老板请了一批业务员（淘宝客），业务员为老板推广他的商品，推广成功后老板支付给业务员一定比例的佣金，但是业务员是没有底薪的，卖出去商品老板才会付钱。淘宝卖家可以做一个老板也可以同时做一个业务员（淘宝客）。

依次单击【我的淘宝】>【我是卖家】>【我要推广】>【淘宝客推广】链接，加入淘宝客推广，如图 5-11 所示。然后完成如下工作。

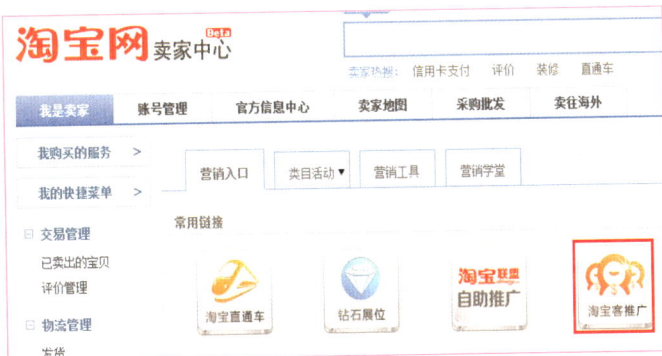

1.阅读淘宝客推广协议，同意支付宝代扣协议。

图 5-11　进入淘宝客

该协议是淘宝、淘宝客、淘宝卖家三方之间关于淘宝客业务的协议。淘宝是技术服务的提供方，淘宝客是淘宝客推广服务的唯一负责人。单击【同意支付宝代扣协议】复选框，单击【下一步】按钮，同意支付宝代扣协议，必须使用淘宝店铺所绑定的支付宝账号。

2. 确认代扣协议

确认店铺支付宝账号，输入支付密码，确定同意支付宝公司的代扣协议。代扣协议是为了在淘宝客推广商品成功后，支付宝公司会把淘宝客应得到的佣金按照佣金比例支付给淘宝客。

3. 选择推广类目

进入推广页面后，会有一个默认类目。还可以单击左上方的【添加更多类目】按钮，添加店铺其他类目进行推广。

4. 设置主推商品

这里，我们选择一个类目进行推广。可以单击右侧的【修改】链接，对该类目的佣金比例进行修改。若不想推广此类目，可以单击【删除】链接，将该类目删除。单击下方的【管理主推商品】链接，设置该类目下的主推商品。

5. 添加主推商品

刚开始还没有一件主推商品，因此，页面上方会提示"你选择了 0 件商品进行推广展示"。下方显示"没有查询到符合上述条件的数据！"单击右侧【新增主推商品】按钮，添加主推商品。

6. 设定推广商品

进入新增主推商品页面。在商品前面打勾后，在页面最下方单击【下一步】按钮。如果主推商品比较少，可以直接在商品条目最右侧单击【选择推广】。

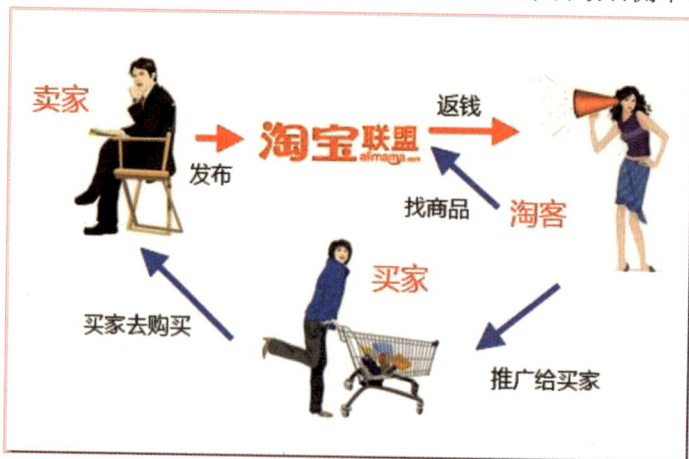

图 5-12　淘宝客推广流程图

7. 设置佣金比率

此时商品状态变成"已参加推广"。单击【下一步：设置佣金比率】按钮，设置付给淘宝客的佣金比率。在推广的商品的"佣金比率"下方文本框中输入佣金比率，并单击【保存】。图 5-12 为淘宝客推广流程示意图。

淘宝社区宣传

社区是指包括 BBS 论坛、帖吧等形式在内的网上交流空间，同一主题的网络社区集中了具有共同兴趣的访问者，拥有庞大的用户群体。在一些热门的社区，每天的访问量可达成千上万。可以选择在这些热门论坛社区进行宣传。

淘宝社区是淘宝会员专属的社区，这里每天都比较热闹。要想进入淘宝社区，用鼠标指向淘宝网右上角的网站导航，就会出现下拉菜单，选择"社区"链接就可以进入淘宝社区。

一、认识淘宝社区

淘宝社区是淘宝网的官方论坛。淘宝社区分为多个版块，各个版块对应不同的内容，比如"美容化妆居"是论坛美容诀窍的版块，"摄像摄影居"是影友交流拍摄技巧的版块等。每个版块中都会汇集众多志趣相投的淘友，同时也蕴含了巨大的商机。社区中还有几个需要经常浏览的版块，如"淘宝大学""经验畅谈居"等，这些版块是解答淘友问题和淘友之间进行经验交流的地方，不论是新手卖家还是资深卖家，都应该经常去这几个版块"充电"。图 5-13 为淘宝社区、论坛板块。

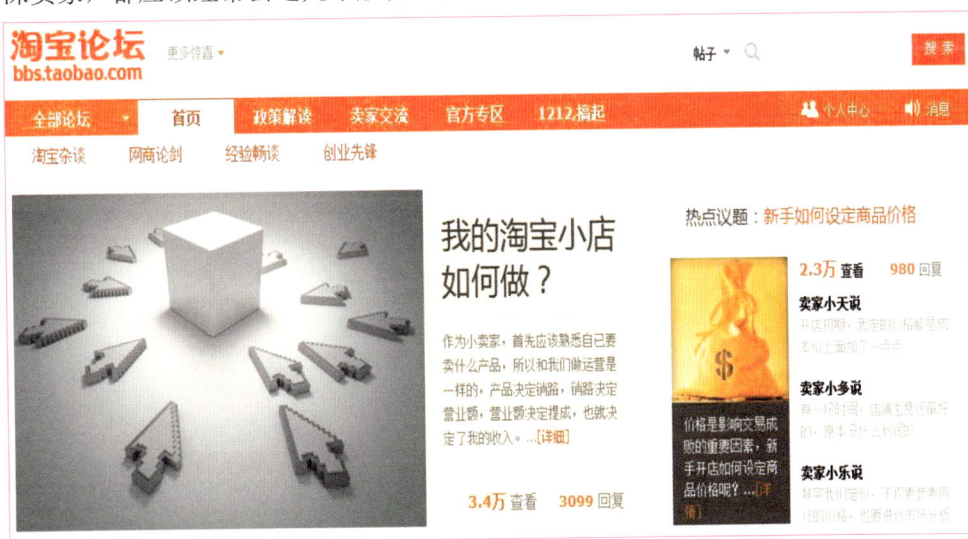

图 5-13 淘宝社区/论坛

淘宝社区大致分为时尚生活、兴趣爱好、交易消费、经验畅谈、谈天说地、淘宝官方模块。这里聚集了大量的人气。每天都会有很多人进到社区浏览帖子。很多卖家经常会写一些很好的帖子发在这里，浏览量非常大。写得好的帖子还会被推荐到社区首页展示。

二、发布帖子及回复帖子

淘宝社区汇集了很多的淘友，他们以发帖、跟帖的方式进行沟通交流，发表自己的见解，寻找潜在的顾客。我们也可以借助淘宝社区人多的有利优势，多逛社区、多发帖，使自己成为社区名人。当卖家在社区里的知名度高了，其他淘友也就会喜欢读你的帖子，并且会关注你的店铺，随着你的店铺知名度的提高，交易量也会有所提高。

帖子如果写得很精彩，就会被推荐到首页展示。因此，如果你有好的文采，就可以写一些吸引人的话题，浏览的人多了，说不定就有人进入你店铺看去了。另外，多在里面跟帖、回帖。回帖时不要灌水，要发一些有意义的帖子。有时候买家对你的帖子感兴趣，也可能会单击你的头像进入你的店铺看看哦。一天下来，你的店铺点击率应该会给你个惊喜的。发帖者借此不仅获得了很高的人气，让自己的店铺访问量猛增，还推广了店铺，获得了商机。

图 5-14 展示了部分淘宝论坛的帖子模块。

图 5-14　论坛帖子

> 提示：论坛不仅仅只有淘宝论坛，类似的还有支付宝论坛、卖家经验交流论坛等，有兴趣的卖家可以通过百度搜索来加入这些论坛，交流卖家经验。

个人主页宣传

个人空间又叫个人主页，是属于个人的网站。在个人主页上，你可以发布文章、上传图片。现在，网上很流行个人空间，可以将自己写的东西放在"个人主页"上，让大家一起欣赏，还可以结识新的朋友。好的"个人主页"会被放在精彩推荐的位置，将会有很多人访问。

一、设置头像与昵称

设置个人主页的头像与昵称的方法与"我的淘宝"中是一样的。设置个性头像是为了引人注目，可以是自己的真实头像，也可以是其他图片。

1. 在淘宝网主页单击【我的淘宝】，可以看到你头像上显示"求真像"，单击上方的【个人主页】，如图 5-15 所示。

图 5-15　进入个人主页

2. 进入个人主页后你会发现主页上有很多空白项，发挥你才能的时候到了，单击右上方的【编辑资料】按钮，进入编辑页面，如图 5-16 所示。

图 5-16　淘宝网个人主页

3. 在【个人资料】|【基本资料】中上传个性头像，填写昵称、真实姓名、性别、生日等信息后，单击【保存】按钮，如图5-17所示。

图 5-17　基本资料填写

4. 在【个人资料】|【头像照片】中浏览上传你的头像照片，上传预览后，单击【保存】按钮。见图5-18。

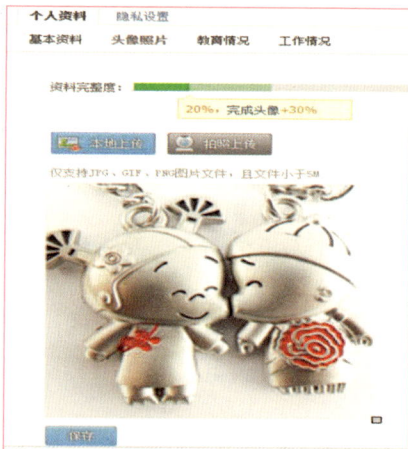

图 5-18　头像照片上传

5. 在【个人资料】|【教育情况】中填写你的大学信息、中学信息等，方便找到同窗好友来共同分享与交流经验等，如图5-19所示。

6. 在【个人资料】|【工作情况】中填写你的公司信息，如图5-20所示，方便找到好友来分享开店的乐趣。

图 5-19　设置教育情况

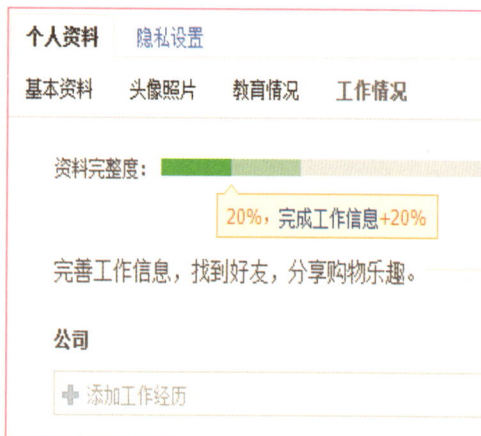

图 5-20　设置工作信息

设置完成后，你和你朋友圈内的人就会很容易地互相发现对方啦！

二、分享精彩图片

你可以上传一些大家感兴趣的图片，如好玩的图片或者商品的照片发布到你的个人主页上，借此也可以增加买家的关注度。总之，都是为了引起浏览者对店铺的好奇，从而进入你的店铺。

1. 在【个人主页】右上角单击【发布】按钮，选择【美图】单击，见图 5-21。

图 5-21　发布美图

2. 选择需要上传的图片后，单击【打开】后，选择商品分类，填写说明后，单击【发布】，如图 5-22 所示（可勾选下方的分享以分享到你的微博等社交账号上）。

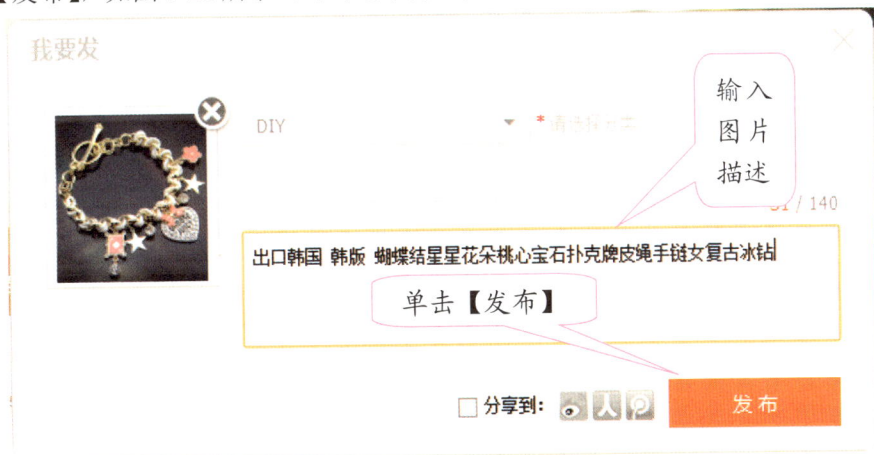

图 5-22　上传美图

三、写心得写攻略

在个人主页中，还可以自己写或者转载其他不涉及侵权问题的文章供大家阅读，目的也是为了增加人气，使更多的人关注到你的小店。

1. 在【个人主页】右上角单击【发布】按钮，选择【文章】单击，见图 5-23。

图 5-23　发布文章

2. 写好文章标题，在文本框中编辑文章内容，编辑完成后对文章进行分类，然后单击【确定】按钮，发布文章，如图 5-24 所示。

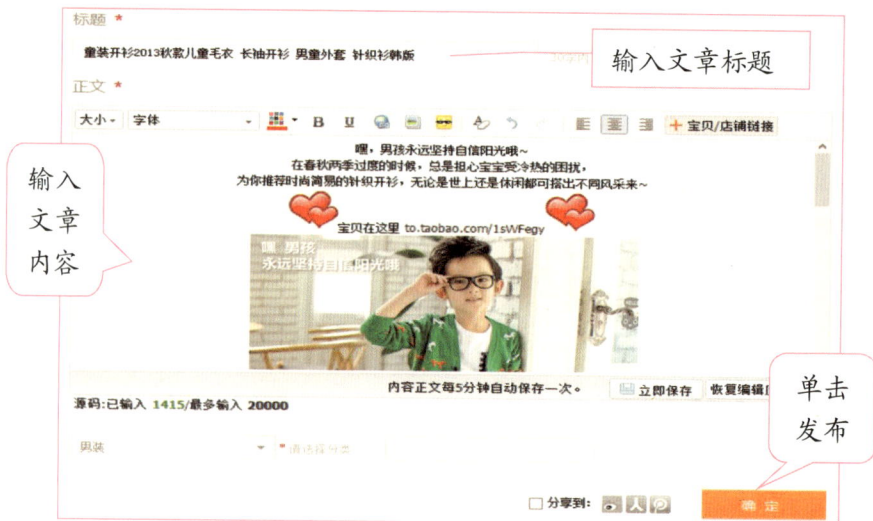

图 5-24　编辑文章内容

聊天工具宣传

目前网络即时通信产品已经相当成熟，利用聊天软件可以对店铺进行很好的宣传。可以在经常使用的聊天软件，如腾讯 QQ，阿里旺旺等的个性签名里写上你的店铺信息，同样可以起到宣传的效果。

一、使用阿里旺旺做宣传

随着国内电子商务的迅猛发展，阿里旺旺已成为最具价值的即时通信工具。在网络购物热潮的带动下，阿里旺旺用户的活跃程度更是令人惊讶，各种活动层出不穷，吸引了众多网友参与。使用的人多了，我们就可以用旺旺来宣传店铺和店铺活动。

1. 登录阿里旺旺，单击页面上方的【点此输入个性签名】处可直接输入文字，也可点击旁边的下三角按钮，再点击【设置】进行编辑，如图5-25所示。

图 5-25　设置个性签名

2. 在弹出的对话框单击【新增】按钮，在小对话框中输入广告词以及店铺地址，单击【保存】按钮，如图5-26所示。

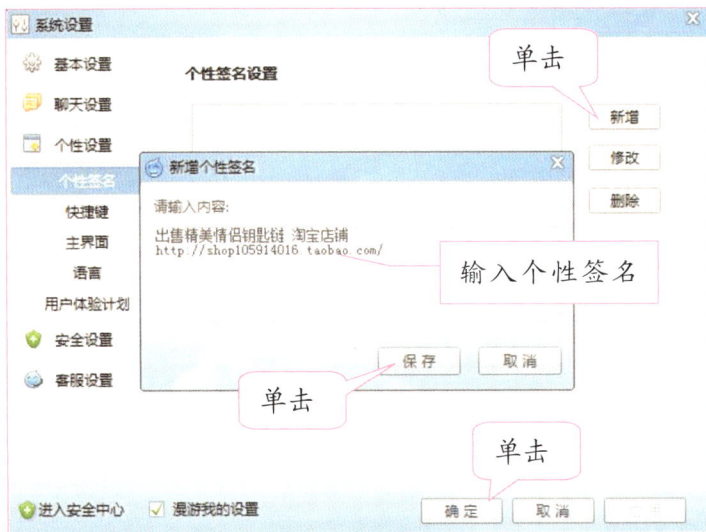

图 5-26　保存个性签名

3. 再次单击【新增】按钮，继续补写个性签名，然后单击【保存】按钮，如图5-27所示。（新增多个个性签名是为了让个性签名以滚动状态的模式出现在签名栏里，吸引买家观看。）

4. 保存了多条个性签名后，勾选左下角的【轮播个性签名】，设置滚动显示个性签名。单击【时间间隔】，选择

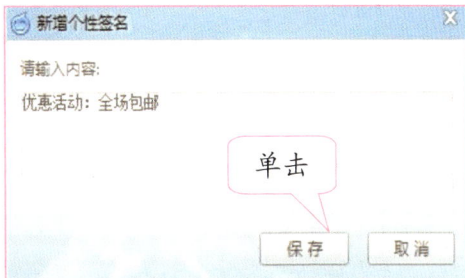

图 5-27　新增多个个性签名

一个时间间隔后，比如 10 分钟，然后单击【确定】按钮，如图 5-28 所示。

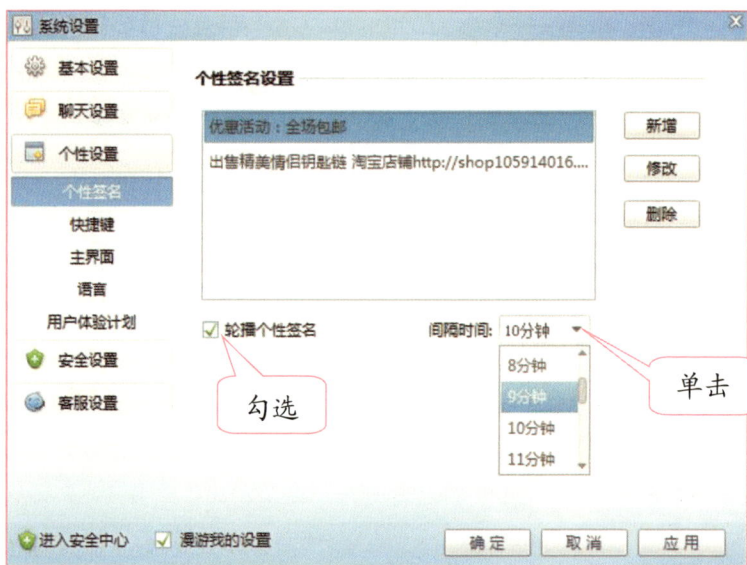

图 5-28　选择时间间隔

5. 在旺旺上可以看到更改后的效果显示。10 分钟后可以看到你的个性签名换成了第二条签名，如图 5-29 所示。

图 5-29　个性签名显示

二、使用腾讯 QQ 做宣传

QQ 是当今中国最有影响力的即时聊天软件,它不仅仅是简单的即时通信软件,它与全国多家通讯公司合作,能实现传统的寻呼,能与移动电话短消息互联,是国内最为流行,功能最强的即时通信软件。QQ 可能是现在中国被使用次数和使用人群最多的通讯工具。这样,拥有庞大用户群的 QQ 当然更应该用来当作宣传工具了。

(一)设置 QQ 签名

1. 双击桌面腾讯 QQ 图标,输入 QQ 账号与密码,单击【登录】,见图 5-30。
2. 单击 QQ 头像,打开设置基本信息的窗口,如图 5-31 所示。

图 5-30　登录腾讯 QQ

图 5-31　单击头像

3. 如图 5-32 所示,在出现的对话框中单击【编辑资料】按钮,在【个性签名】内容框中输入与店铺信息相关的信息,也可在【个人说明】中补充说明你的店铺信息,编辑完成后单击【保存】按钮。

4. 保存后就可以看见自己 QQ 上的个性签名效果,如图 5-33 所示。

图 5-32　修改个性签名

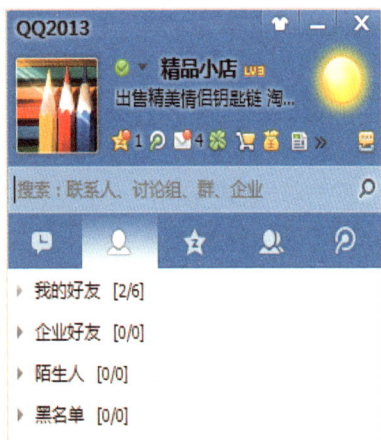

图 5-33　个性签名效果

（二）给 QQ 好友发送最新上架信息

可以将自己店铺的最新商品信息，或者最新优惠活动信息发给 QQ 好友，让他们及时了解店铺的活动。

在 QQ 好友列表中，双击 QQ 好友的头像，打开与该好友的对话框。在对话框中输入信息详情以及店铺地址，单击【发送】按钮，如图 5-34 所示。

图 5-34　给 QQ 好友发送店铺信息

（三）加入 QQ 群

在不知道群号码的时候，可以通过 QQ 菜单中的搜索功能搜索关键字加入 QQ 群；在知道群号码的时候，可以直接搜索群号码来加入 QQ 群。

1. 单击 QQ 主菜单下方的【查找】按钮，打开查找对话框。单击【找群】按钮，在搜索栏中输入关键字"淘宝"，单击【查找】按钮，如图 5-35 所示。

图 5-35　通过关键字查找 QQ 群

2. 单击查找后，会发现很多相关的 QQ 群，如图 5-36 所示。找到你所想加入的 QQ 群后，单击群下方的【加群】按钮，申请加入该群。

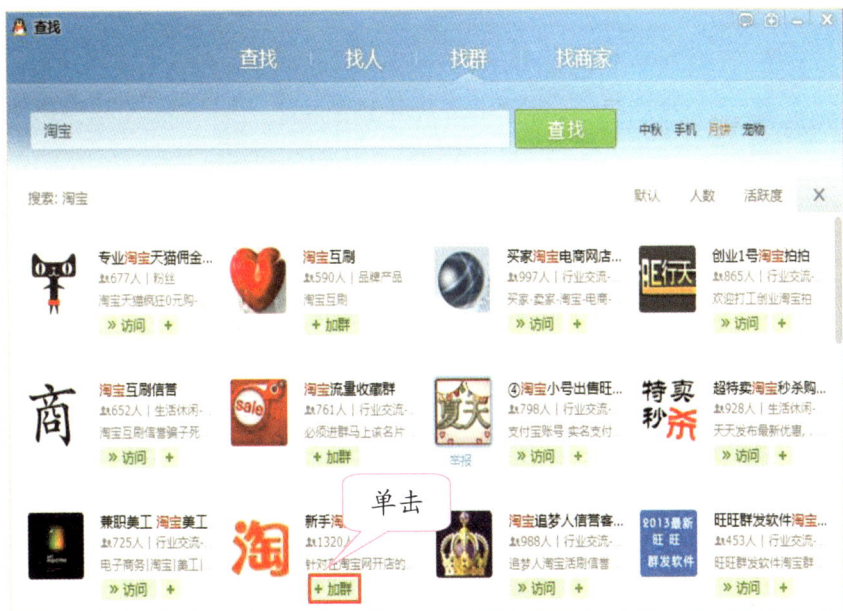

图 5-36　加入 QQ 群

3．此群需要输入验证信息才可加入。如图 5-37 所示，在文本框中输入申请理由后，单击【下一步】按钮。此时会提示你已经申请成功，请耐心等待群主通过验证。得到群主同意后，单击【完成】。

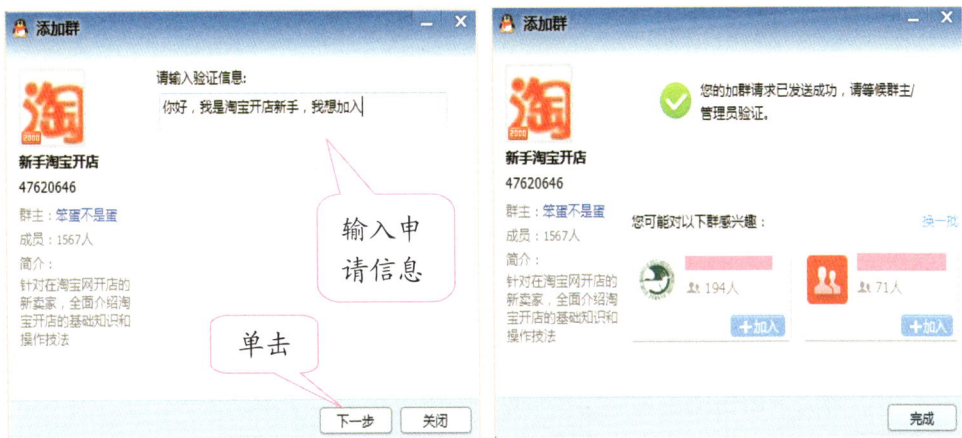

图 5-37　申请与验证

4．在知道群号码的情况下，在第一步中单击【加群】后，在搜索栏中输入群号码，单击【查找】按钮。

> 提示　申请加入群时，有的群可以直接加入；有的群主设置了验证信息，因此需要填写验证信息，等待群主或者群管理员同意后才可加入。

5. 单击【查找】后，可以看到你所想加入的群，单击群下方的【访问】或【+】按钮，请求加入该群。输入请求信息后，单击【下一步】，等待验证即可，如图 5-38 所示。

图 5-38　按群号码加入 QQ 群

三、使用微博宣传

微博提供了这样一个平台，你既可以作为观众，在微博上浏览你感兴趣的信息，也可以作为发布者，在微博上发布内容供别人浏览。发布的内容一般较短，例如 140 字的限制，微博由此得名。当然了也可以发布图片，分享视频等。微博最大的特点就是发布信息快速，信息传播的速度快。例如你有 200 万听众（粉丝），你发布的信息会在瞬间传播给 200 万人。

目前淘宝网支持新浪微博的绑定功能，如果你有新浪微博，当你绑定新浪微博账号后，可以方便地将你在淘宝中看到的内容分享给新浪微博上的朋友们。绑定成功后，你还可以在新浪微博上发布你的宝贝，让更多的人关注到你的店铺。

　　登录淘宝账号后，在【我的淘宝】|【账号管理】中，单击左侧菜单中的【微博绑定设置】，输入你的微博账号以及密码，单击【同意协议并绑定】，系统则会提示你绑定成功，见图5-39。

图 5-39　绑定新浪微博

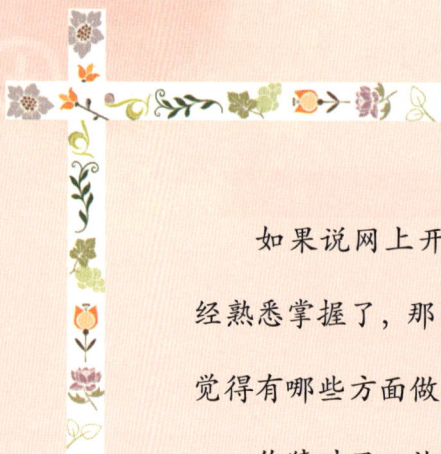

如果说网上开店做生意的整个流程和宣传你已经熟悉掌握了，那么和那些成功的卖家相比，你还会觉得有哪些方面做得不足呢？

你猜对了，就是商品图片。你可能已经发现，很多卖家的宝贝既漂亮又有特色，还附带有自己店铺LOGO和店铺名称，仅仅观看宝贝图片就让买家流连忘返。

发布商品并不仅仅是把商品图片传上去就可以了。有时照片拍得不够理想，或者有时候在网上发现好的图片，可以用图片处理软件处理一下再用。

处理图片的软件有很多，最常用的有著名的Photoshop、"光影魔术手""美图秀秀"等。本章将以"光影魔术手"为例来处理拍照过程中出现的一些常见问题。

第六章

宝贝图片　软件打扮

本章学习目标

◇ 安装和熟悉"光影魔术手"

　　了解"光影魔术手"，下载并安装该软件。

◇ 扶正倾斜的照片

　　学会如何用"光影魔术手"修改倾斜的照片。

◇ 修复偏色和失焦的照片

　　学会如何用软件修复失真与模糊不清的照片。

◇ 处理曝光缺陷的照片

　　学会如何处理曝光有缺陷的照片，如何对照片增光与减光。

◇ LOMO 特效

　　介绍如何在照片中增加 LOMO 风格特效。

◇ 给照片添加装饰边框

　　介绍给宝贝照片添加边框的方法，包括签名边框、花样边框、撕边边框等。

◇ 给照片添加标签和水印

　　介绍如何给宝贝照片添加文字标签和特色水印等。

◇ 将照片转换为 JPG 格式

　　介绍如何将照片转化为淘宝需求的 JPG 格式的图片。

安装和熟悉"光影魔术手"

"光影魔术手"（nEO iMAGING）是一款对数码照片画质进行改善及效果处理的软件。简单、易用，每个人都能制作多样的、自己喜欢的效果，而且完全免费。我们不需要任何专业的图像技术，就可以制作出专业胶片摄影的色彩效果，是摄影作品后期处理、图片快速美容、网店上传照片时必备的图像处理软件。如果说美图秀秀、可牛影像是现在朋友们最喜欢的进行个性化照片处理和非主流照片处理的必备工具，那"光影魔术手"则是比较专业的图片处理软件。

一、下载和安装"光影魔术手"安装程序

"光影魔术手"有制作精美的官方网站，在这里你可以直接下载"光影魔术手"的安装程序，还可以看到该软件的功能介绍以及相关的教程。在电脑 IE 浏览器地址栏内输入 http://www.neoimaging.cn/，就可以马上进入"光影魔术手"的官方网站。

1. 进入官网以后点击【4.2.1 最新版立即下载】按钮（图 6-1），在弹出的窗口中选择安装程序存放的地点，点击【保存】则立即开始下载。

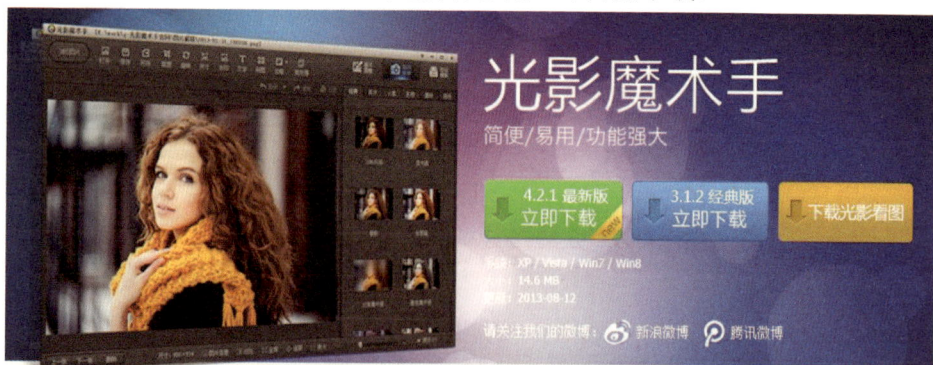

图 6-1　"光影魔术手"官方网站页面

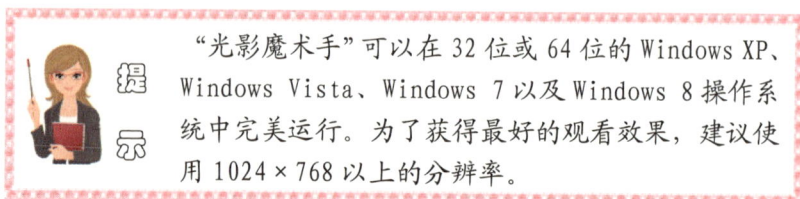

> "光影魔术手"可以在 32 位或 64 位的 Windows XP、Windows Vista、Windows 7 以及 Windows 8 操作系统中完美运行。为了获得最好的观看效果，建议使用 1024×768 以上的分辨率。

2．下载完成后双击程序文件开始安装"光影魔术手"。如果弹出"是否允许该程序在计算机中运行"的对话框，点击【允许】。

3．单击【接受】，同意软件许可协议和青少年安全上网指引，进入下一步的安装，如图6-2所示。

4．点击【浏览】按钮，选择安装"光影魔术手"的目标文件夹，图6-3所示为图中软件安装的位置。

5．点击【下一步】完成安装。

图6-2 同意软件许可协议

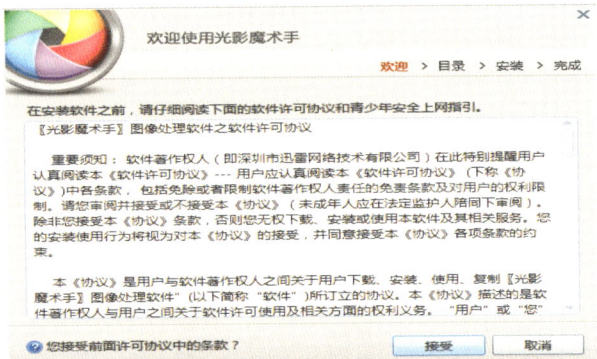

图6-3 选择安装位置

二、运行"光影魔术手"程序

安装完"光影魔术手"后，启动该软件的运行程序，你就可以运用该软件对要修改的照片进行后期处理了。不过，在开始使用前，我们还是一起来熟悉一下它的运行界面及设置，这样有利于我们将来更熟练地运用"光影魔术手"的各种功能来处理数码照片。"光影魔术手"主操作界面十分简洁，易于上手，各种效果还有图例示范，如图6-4所示，为了更好地认识其界面和工具情况，我们要先打开一张宝

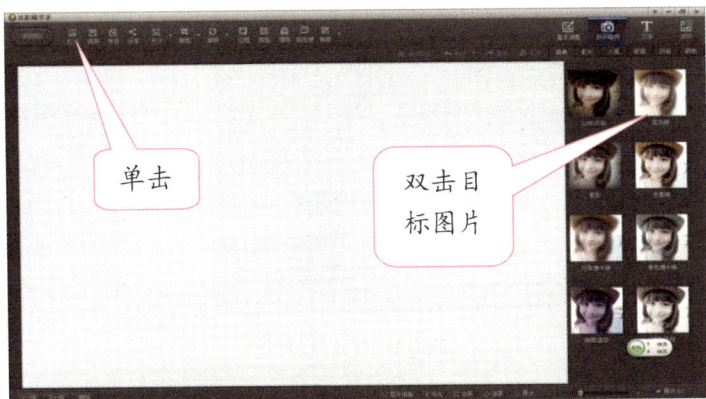

图6-4 "光影魔术手"4初始界面

贝的照片。

1．单击图6-4中【打开】图标，弹出【打开】对话框，如图6-5所示。

2．在此双击选中目标图片。

3．这时被选中的照片就会打开在显示区中。

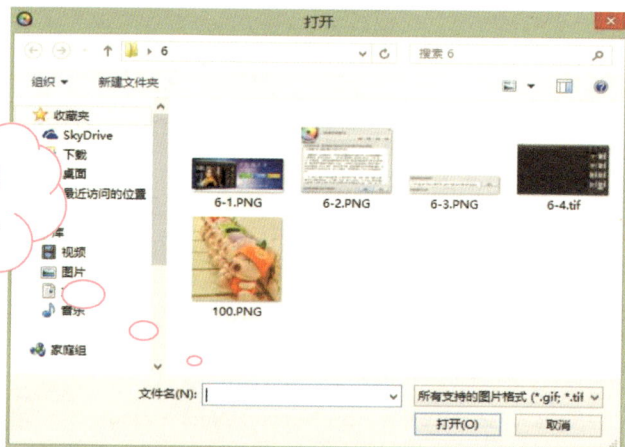

也可输入图片名称查找

图6-5　打开操作演示

新版"光影魔术手"界面采用黑色为主色调，同时加入蓝色点缀，在处理美照的时候有更享受的视觉体验；菜单栏也简洁、明了，功能清晰明确，初级的玩家都可以很容易上手。好了，现在"光影魔术手"已经处于工作状态了，可以看到它的主操作界面分为五大部分。下面我们对照图6-6，一一介绍这五部分的内容。

工具栏

操作栏

菜单栏

图片显示区

状态栏

图6-6　主操作界面

（1）最上面一层是第一部分，为工具选项，如【打开】、【保存】、【另存】、【分享】；【尺寸】、【剪裁】、【旋转】；【边框】、【拼图】、【模板】等，工具栏按钮的图标比较大，这样在用户选择时很方便点击，有些按钮还带有下拉菜单，便于执行选择性操作。

（2）下面一行是第二部分，为操作栏，均为操作动作，可以随时执行撤销和保存动作。

（3）界面中部的图片显示区是第三部分，"光影魔术手"分配了足够大的空间用于显示数码照片，这样便于我们对照片的观察和修饰。

（4）第四部分为界面最下面的状态栏，显示图像文件相关信息和显示的方式。

（5）第五部分为菜单选项，位于主界面的最右端。其中右上方为 4 个选项，包括【基本调整】、【数码暗房】、【文字】、【水印】，其下方是 4 个操作的详细信息，基本调整有数码补光、减光、调色阶等；数码暗房可以十分直观地根据每个图例来选择自己需要和喜欢的效果；文字和水印功能可以随意在照片上添加文字和水印。

扶正倾斜的照片

一般而言，在拍摄商品时我们目镜头中的景物是垂直或是水平的，但是由于手持相机的方向不稳致使得到的数码相片与水平或竖直方向有一定角度，不能达到预期效果，这类情形是卖家拍摄时经常遇到的问题。本节中我们将用"光影魔术手"的【旋转】与【裁剪】功能来解决这个问题。

首先，我们来看一张略微倾斜的照片。在图 6-7 中，茶杯的垫子和桌面有一个小倾角，我们要将这倾角摆平，需按如下步骤操作：

图 6-7　倾斜的照片

1. 点击工具选项中的【旋转】，工具栏下方会出现一小行操作，如图6-8所示。

图6-8　旋转工具栏

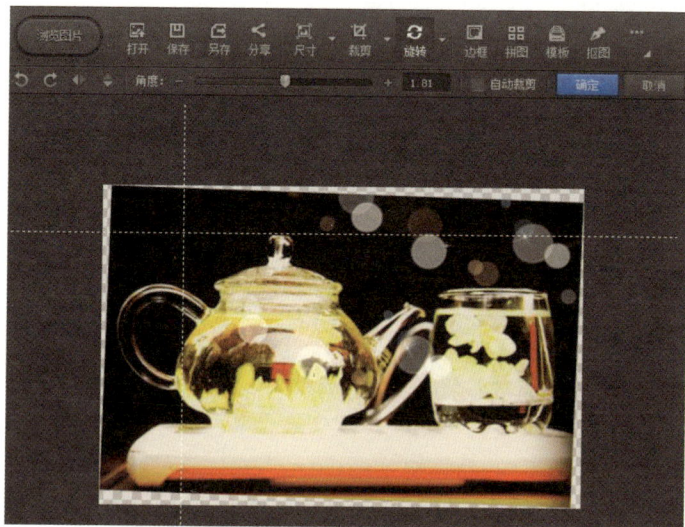

图6-9　旋转操作演示

2. 在【角度】滑动栏中左右拖动滑块可以旋转照片的角度，但是这种调整是比较粗略的旋转。将鼠标移动到照片上，可以看到"光影魔术手"提供的两条互相垂直的参考线，按住鼠标在图片上沿着水平参考线画出一条直线，则照片自动以画出的直线作为水平面，对照片进行旋转。

3. 通过图片显示区来查看效果，图6-9所示为旋转后的照片。

4. 由于旋转过的照片会造成边角的错落，在【自动裁剪】复选框前打勾，可以把照片多余的部分裁剪掉。

5. 单击【确定】按钮，完成旋转调整。

6. 如果不满意旋转后的照片，可以点击【还原】，恢复旋转操作。

7. 点击界面下方的【对比】按钮，可以观察两幅图的差异，如图6-10所示。

图6-10　旋转前后的图片对比

经过裁剪的照片会有一部分内容损失掉，所以对比之后可以看到，旋转之后的图片要比修改之前小一些。

到现在为止一幅倾斜的照片就基本上修改好了，最后我们需要把改好后的照片保存起来，具体操作步骤如下：

1. 单击工具栏中【另存】按钮，弹出"另存为"对话框，如图 6-11 所示；

2. 为改好的照片起一个名字，单击【保存】按钮，弹出"保存图像文件"对话框，选择好要存储的路径；

3. 单击【确定】按钮，完成保存。

图 6-11　保存图片

修复偏色和失焦的照片

在拍摄宝贝过程中，我们经常会见到图像整体的颜色失真和照片看上去模糊不清的现象。其实这些现象主要是拍摄环境光线的变化和按下快门前的对焦失误造成的。"光影魔术手"提供了神奇的一键修复偏色图片的【白平衡】功能。同时，你可以调节【精细度】来纠正模糊失焦的相片。

我们在室内的白炽灯下拍出的图像色彩会有一些偏红。图 6-12 所示的照片就属于这一类问题。

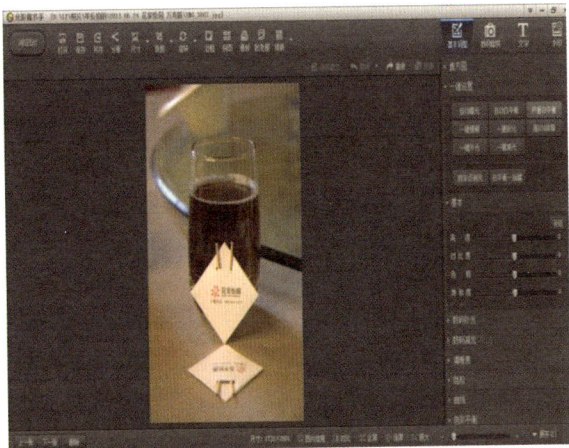

图 6-12　偏色图片演示

下面我们按如下步骤对其进行修复：

1．在菜单选项中，选择【基本调整】|【严重白平衡】。

2．执行后，"光影魔术手"会在瞬间对图片进行修复，如图6-13所示。

3．对于偏色问题不很严重的照片，你可以选用【基本调整】|【自动白平衡】来进行调整。

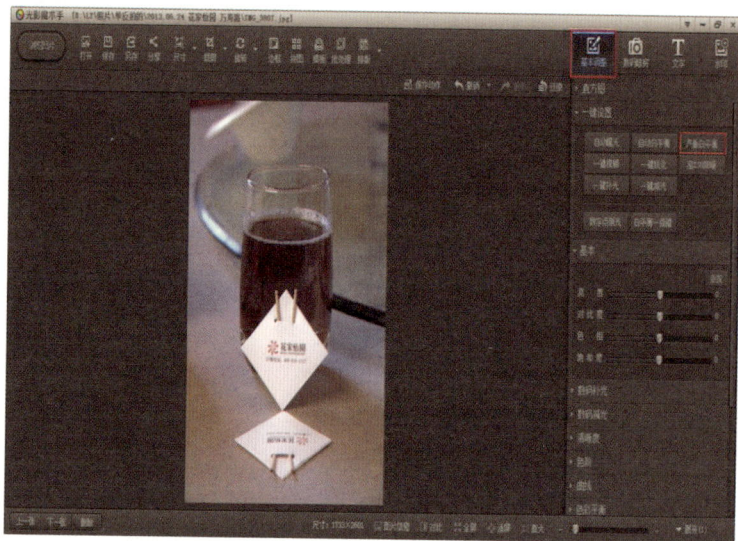

图6-13　严重白平衡操作演示

4．要对比白平衡调节前后的效果，单击工具栏中【对比】按钮，弹出图6-14所示图片对比对话框，这时候你会惊奇地发现照片中的物体都恢复了本来的颜色。

5．最后，点击工具栏中【另存】按钮，对调整好的图像进行保存。

图6-14　白平衡效果对比演示

"自动白平衡"功能对于略微有点偏色的照片，可以进行自动校正，效果比较好。例如白天自动档拍摄的照片、用扫描仪扫的图片，这类照片基本上都可以用自动白平衡功能进行校正。"严重白平衡"是专门用来应付那种偏色相对严重的照片的。

在此，有必要简单说明一下什么是"白平衡"及其带来的影响。白平衡英文名称为"White Balance"，白平衡的基本概念是"不管在任何光源下，都能将白色物体还原为白色"，对在特定光源下拍摄时出现的偏色现象，通过加强对应的补色来进行补偿。白平衡，字面上的理解是白色的平衡。白平衡是描述显示器中红、绿、蓝三基色混合生成后白色精确度的一项指标。

物体颜色会因投射光线颜色产生改变，在不同光线的场合下拍摄出的照片会有不同的色温，所以会产生颜色偏差，例如：在日光灯的房间里拍摄的影像会显得发绿，在室内白炽灯光下拍摄出来的景物就会偏黄，而在日光阴影处拍摄到的照片则莫名其妙地偏蓝。总之，这些应该是白色的拍出来反而不白的现象就是白平衡出现了问题。

下面我们再来看一张问题比较复杂的宝贝照片。在图6-15中，照片不但整体颜色有偏差，而且所有宝贝看上去也是模糊不清的。要处理一张这样的照片，除了用到以上提到的白平衡调整以外，还要用"精细度"调整来进行模糊失焦的纠错。具体操作步骤如下：

图6-15　偏色失焦的照片

1. 首先，我们将对照片做白平衡调节处理。单击【基本调整】|【严重白平衡】按钮。

2. 点击工具栏中【对比】按钮，查看对比效果。

3. 单击【基本调整】|【清晰度】按钮，下方弹出精细度的调整，用鼠标左键调节清晰度，直到自己满意为止，如图6-16所示。

4. 点击【确定】按钮，完成锐化设置。

图6-16　清晰度调整演示

5. 最后，点击工具栏中的【另存】按钮，对调整好的图像进行保存。图 6-17 是修改前和修改后的照片对比，你会发现所有的宝贝不仅变得清晰而且颜色也变得鲜艳亮丽了。

图 6-17　修复失焦偏色对比演示

好了，通过这两节的实例讲解相信你已经对"光影魔术手"这款软件有了大概的了解。我们可以利用"光影魔术手"对拍摄的宝贝照片进行后期的修改和补足，你是不是觉得"光影魔术手"十分神奇呢？

处理曝光缺陷的照片

对于开店初学者来说，把握宝贝照片的曝光量是一件不那么容易的事情。一旦相机没调整好就会得到曝光不足或曝光过度的照片。现在有了"光影魔术手"这个照片后期处理软件，这些宝贝照片的曝光问题都可以轻松解决。它提供的"数码减光"与"数码补光"处理效果会给你处理此类照片时带来不小的惊喜。

曝光不足的照片往往发黑发灰，没有对比度和层次感，图 6-18 中所示就是一张这样的照片。此类现象往往因摄影时天气、时间、光线及技术的原因造成。"光影魔术手"可以采用非常简捷的方式进行后期纠正，具体步骤如下：

图 6-18　曝光不足的图片

1. 点击工具栏中【打开】按钮，打开要进行修改的图片。

2. 单击菜单选项中【基本调整】|【数码补光】按钮，弹出如图 6-19 所示的【补光】操作栏；其中包含【补光亮度】、【范围选择】、【强力追补】3 个选项。

3. 用鼠标左键根据实际需要分别调节数码补光的【范围选择】、【补光亮度】及【强力追补】的力度。示例中"补光亮度"为 88、"范围选择"

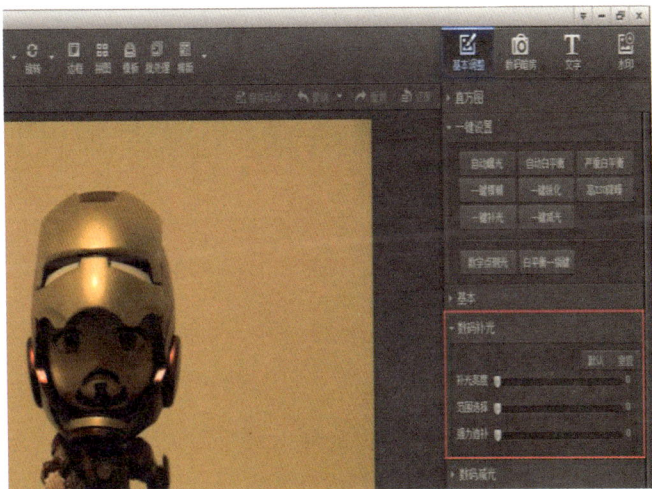

图 6-19 数码补光演示

为 240，"强力追补"为 2。

4. 单击【确定】按钮，完成补光调节。

5. 在保存前先点击工具栏中【对比】按钮，观看最后修改的效果。如图 6-20 所示，怎么样，清晰多了吧，相信你现在一定会十分惊讶"光影魔术手"这一神奇的处理效果。

6. 最后，单击工具栏中【另存】按钮，对调整好的图像进行保存。

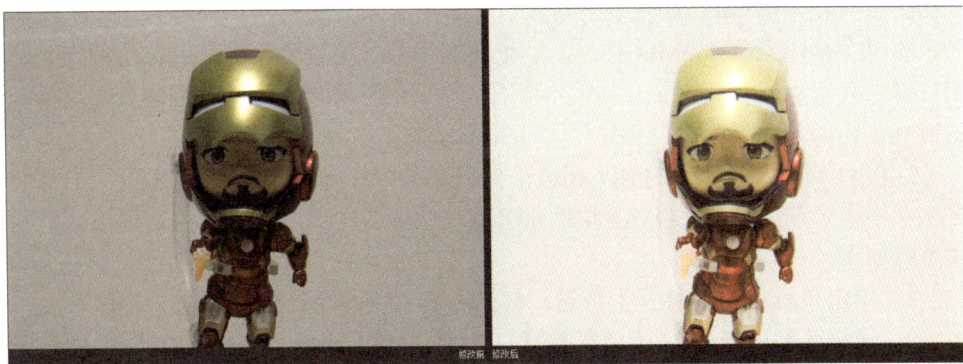

图 6-20 数码补光对比演示

同理，对曝光过量的照片修复，可选中【基本调整】|【数码减光】按钮，以类似数码补光的步骤操作，可以根据自己的实际需要调节减光的程度。图 6-21 中是对曝光过度照片处理后的效果对比。

如果你手上正好有类似的照片，不妨现在就来用"光影魔术手"修改一下。

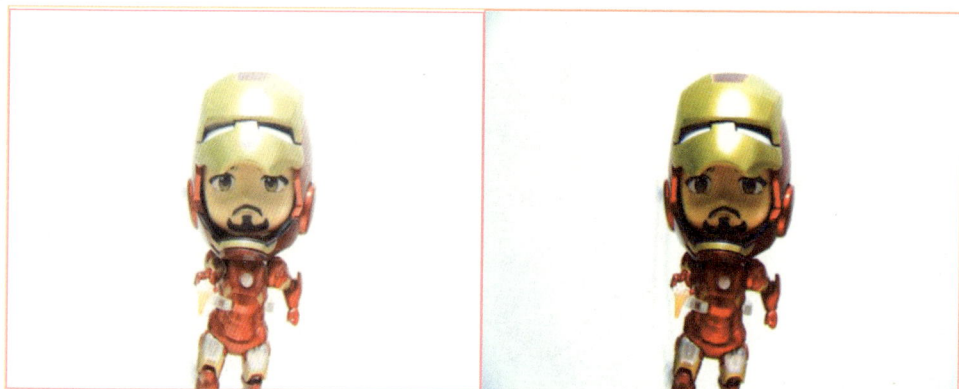

修改前　　　　　　　　　　　　　修改后

图 6-21　数码减光对比演示

LOMO 特效

　　LOMO 是近年来十分流行的一种风格照片，我们可以随处看见卖家晒出自己宝贝的 LOMO 照片，那我们该如何制作一张 LOMO 风格的照片呢？这一节就一一给大家介绍。LOMO 是列宁格勒光学仪器厂的俄文简称，以制造间谍相机而闻名，相机上都印刻有 LOMO 标志。后来人们逐渐发现这个厂出产的机器拍出来的照片都很有特点，对红、蓝、黄感光特别敏锐，色泽异常鲜艳，甚至是反传统摄影的特点，比如暗角、畸变、偏色等。于是，这种风格慢慢地开始流行起来。

　　LOMO 风格指的是 LOMO 相机拍摄出来的照片风格。"光影魔术手"给我们提供了不需要专门购买 LOMO 相机就可以制作出这样的风格照片的处理技术。操作步骤如下：

　　1. 单击工具栏中【打开】按钮，打开图 6-22 所示的目标照片。

　　2. 选择【数码暗房】|【经典】|【LOMO 风格】命令，弹出"LOMO 风格"对话框。

　　3. 根据实际需要调节"暗角范围"值、"噪点数量"和"对比加强"值，在图 6-23 所示的实例中将"暗角范围"值设为 90，"噪点数量"值调为 20，"对比加强"依旧保持预设的 100；勾选"调整色调"以后，可以选择你喜爱的各种色调，实例中选择的是偏绿的色调。

4．点击【确定】按钮，完成设置。

5．单击工具栏中【另存】按钮，将处理后的照片进行保存。

图 6-22　普通照片　　　　　　　　　图 6-23　LOMO 风格

　　看看 LOMO 风格的照片是不是很有意思？新版的"光影魔术手"在经典的风格中，除了"LOMO 风格"，还提供了"柔光镜""晕影""去雾镜""对焦魔术棒""着色魔术棒""晚霞渲染""退色旧像"等特效，我们可以制作出丰富多彩的各式照片，让宝贝更吸引人。下面再介绍一个"对焦魔术棒"效果的制作，就是模仿小景深的功能，让背景模糊，之后，大家就可以触类旁通地运用了。"对焦魔术棒"效果的具体操作步骤如下：

　　1．单击工具栏中【打开】按钮，打开图 6-24 所示的目标照片。

　　2．选择【数码暗房】|【经典】|【对焦魔术棒】命令，弹出"对焦魔术棒"操作栏。

　　3．操作栏里有"对焦""移动""橡皮擦"和"重置"四个按钮，选择"对焦"按钮以后，调节"对焦半径"大小可以控制清晰的范围，"虚化程度"越大就越模糊，对焦调整以后，可以通过移动按钮来选择更多的清晰范围，"橡皮擦"则是可以相反的动作，"重置"按钮可以恢复之前不满意的动作；图 6-25 的实例中，是将小猴的脸部保持了清晰效果，其他部分则进行了虚化的处理。

　　4．点击【确定】按钮，完成设置。

　　5．单击工具栏中【另存为】按钮，将处理后的照片进行保存。

　　图 6-25 的小猴是不是显得更吸引买家的眼球呢？这就是"光影魔术手"神奇的地方，这种效果一般都是用高级的虚化镜头来拍摄得到，而现在你只要简单地使用"光影魔术手"就能做到。

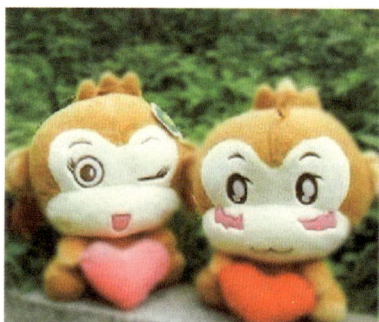

图 6-24　普通照片　　　　　图 6-25　对焦魔术棒效果

给照片添加装饰边框

从本节开始将向大家介绍照片处理最后阶段所要完成的制作。一张漂亮的照片配上合适的边框才能达到比较完美的效果，所谓"三分画，七分裱"嘛。

一、快速添加边框

1. 打开一张宝贝照片。

2. 点击菜单栏中【边框】按钮（如图 6-26 所示），下拉菜单里有"轻松边框""花样边框""撕边边框""多图边框""自定义扩边"五个选项，新版的"光影魔术手"提供了相当丰富的素材，可以满足你各式各样的要求，而且素材在不断地更新和丰富。

图 6-26　边框

3. 单击你喜欢的边框，所选相框就自动套用在该照片上了（如图 6-27 所示）。不满意可以一直试用直到找到你喜欢的边框为止。

4. 这里选择了"花样边框"。单击【确定】按钮，就完成了边框的添加工作。

图 6-27　选择不同的边框

二、使用签名边框设计

"光影魔术手"还提供了签名边框设计，卖家可以在图片边框中输入介绍宝贝的文字，让买家一目了然。操作步骤如下：

1．在"轻松边框"选择对话框中，选择好你喜欢的边框以后，在对话框的左方点击"添加文字标签"按钮，会弹出如图 6-28 所示的文字调整的窗口。

2．在"文字标签 1"中键入你要输入的文字。实例中输入的作者签名为"情侣小熊"。

3．在下方对话框中修改字体、字形、大小、颜色等参数。文字边框的位置不可以在图片上拖动，而是通过调节【水平边距】和【垂直边距】滑块改变的。在"光影魔术手"中还可以自动添加 EXIF 信息内容（如拍摄日期、光圈、快门等）。

4．调整好标签以后，单击【确定】按钮完成设置，效果图如图 6-29 所示。

图 6-28 文字标签操作

图 6-29 文字边框效果演示

以上介绍的是内置边框的操作应用，关于外挂边框的使用方法，也是按类似的步骤进行操作的，你自己不妨也试一下，让你的宝贝更加迷人。

三、添加花样边框

"光影魔术手"最大的亮点之一就是提供了丰富的边框类型，其中犹以花样边框、撕边边框和多图边框最受人们喜爱，越来越多的网上宝贝照片都会使用边框来装饰，这样的照片可以打上个人的烙印，也在一定程度上防止了网上随意的盗图。这些边框不但样式繁多而且使用方便，相关网站还提供了这些边框素材的下载。下面我们就来继续探索如何给照片加上精美的边框。

首先我们将学习花样边框的使用方法，操作步骤如下：

1．单击工具栏中的【打开】按钮，打开一张宝贝照片。

2. 选择菜单栏中【边框】|【花样边框】选项，弹出如图 6-30 所示的"花样边框"对话框，可以看到该对话框中有许多边框供你选择。

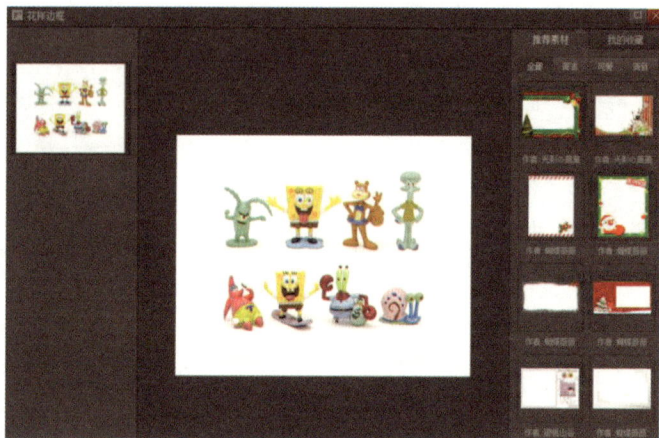

图 6-30　在"花样边框"中选择边框

3. 在对话框内有"推荐素材"和"我的收藏"两个选项，"推荐素材"是网友自己设计并上传而且时下比较流行的边框，在联网的情况下，你可以直接下载并使用，而"我的收藏"是随软件安装自带了一些花样边框的素材；当在其他分类中发现喜欢的花样边框时，选中它并单击鼠标右键，再从右键菜单中单击"收藏此边框"，会弹出"收藏边框"对话框，如图 6-31 所示，选择好分类，即可收藏成功。

图 6-31　收藏边框

4. 由于"光影魔术手"提供了供爱好者自行设计边框的模式，许多网友将自己设计的边框上传到论坛中供大家分享，所以大家现在可以下载到许多漂亮的花样边框。可以到"光影魔术手"论坛里免费下载边框素材，地址为：http://bbs.neoimaging.cn。可以进入到"光影魔术手"这个软件的论坛，选择自己喜欢的素材进行下载。

花样边框素材由一个 JPG 格式和一个 NLF/NLF2 格式的两个同名文件组成。只要在花样边框的收藏目录下（C:\Documents and Settings\AllUsers\Application Data\Thunder Network \NeoImaging\FrameMaterial\Frame）建立一个文件夹，然后把相应后缀名的素材文件复制到该文件夹下即可。文件夹的名称就是"我的收藏"中的分类名。如果你没有把素材文件复制到收藏目录下的文件夹中，而是直接复制到收藏目录下，这些素材将归属于"我的收藏"下的"未分类（根目录）"。素材只识别收藏目录下的第一层文件夹，多层文件夹下的素材将无法被识别。还可以在收藏目录下直接对边框素材进行管理，如添加、删除、重命名、移动等，这些操作完成后再点击"我的收藏"下的"刷新"按钮，就可以立即看到最新的收藏素材啦!

5. 从众多边框中左键点击来选择自己喜欢的边框。

6. 单击【确定】按钮，完成选择，图 6-32 所示为不同花样边框的最终效果。

7. 最后，点击工具栏中【另存】按钮，保存图片。

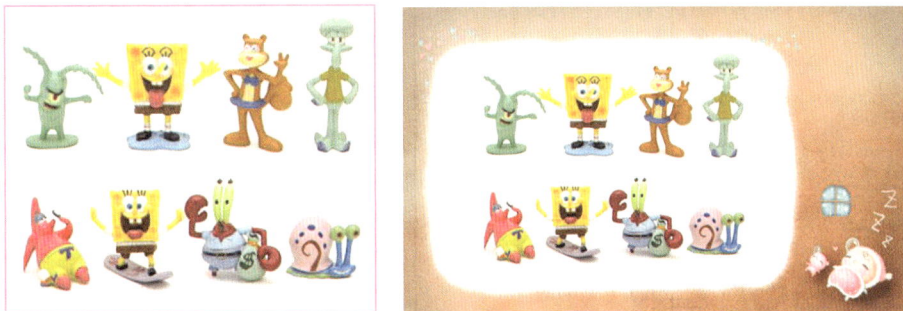

图 6-32 花样边框效果演示

四、添加撕边边框

介绍完花样边框后我们再来看看边框中另一个比较有特色的——"撕边边框"的使用方法。具体操作步骤如下:

1. 首先通过【打开】按钮打开一张宝贝照片。

2. 在加边框前对照片做简单的修饰和裁剪，使其可用。

3. 选择菜单栏中【边框】|【撕边边框】选项，弹出"撕边边框"对话框，如图 6-33 所示。

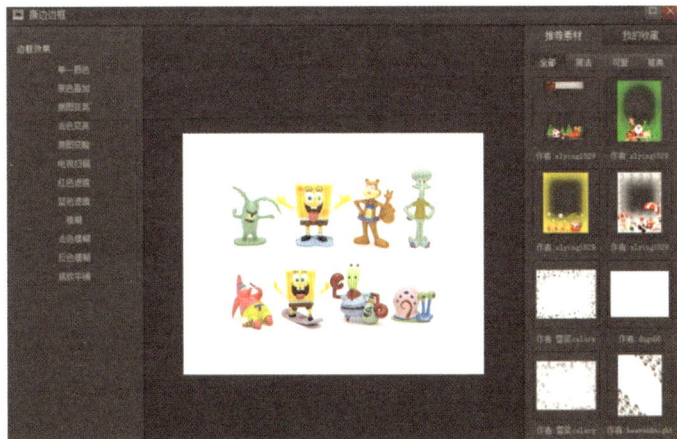

图 6-33 撕边边框操作演示

4．在"撕边边框"界面右边的样式栏中选择边框的类型，在这里"光影魔术手"提供了花样丰富的边框样式，并且这一部分边框同花样边框一样也是可以由用户用专业的图像处理软件自行设计的。如果你喜欢"推荐素材"里的边框样式只需要右键"收藏此边框"，就可以把边框样式下载到本地使用。素材下载后软件安装驱动盘的"nEO iMAGING\Mask"目录下，进入"Mask"文件夹就可以看到这些漂亮的边框。

5．在"撕边边框"界面左边可以看到"边框效果"样式选择，"撕边边框"可以随意更改边框的样式、颜色以及透明度等来改变所加边框图像的整体透明度。

6．完成了这些基本设置以后，点击【确定】按钮，保存设置。

7．单击工具栏上的【另存】按钮，将最终加边框的照片予以保存。

经过这样一个边框的修饰，宝贝看上去是不是更具有艺术感了。以上就是撕边边框的操作方法。如图 6-34 所示，是各式撕边边框的效果。

图 6-34　撕边边框效果演示

给照片添加标签和水印

当今非常流行在宝贝上添加一个特色标签来彰显个性。许多卖家在把自己宝贝的照片发布在网上时都在照片的某个部位打上一个水印，这样既可以保护宝贝的版权，又可以吸引别人的眼球。在添加边框的章节里我们已经介绍了一个文字标签的功能，是在【边框】|【轻松边框】里。新版的"光影魔术手"还提供了专业的文字标签和水印制作方法，你只需简单的几步操作就可以为自己心爱的宝贝添加精美的水印标签。

一、给照片添加文字标签

1. 打开一张宝贝照片，按照前节的步骤给图片加上一个边框。

2. 选择菜单栏中【文字】选项，弹出"文字"对话框，如图 6-35 所示。

图 6-35 文字添加操作演示

3. 在"文字"框里可以添加这张照片的标签，例如"Hello Baby"，你会看见图片里会出现文字框，用鼠标选择文字框，当鼠标变成十字的时候可以移动文字框，还可以旋转文字的角度。

4. 接来下可以在右边的工具栏中对文字的样式进行调整，包括字体、大小、颜色、对齐方式、排列方式等。

5. 点击【高级设置】的下拉菜单还可以添加文字的样式，可以增加阴影、描边等，能丰富文字的样式，使你的文字标签更富个性。

图 6-36 文字添加效果演示

6. 最后，点击【确定】按钮保存设置。

按此类方法你可以在图片上任意发挥设计出自己喜欢的标签信息，见图 6-36 所示。

二、给照片添加水印

1. 打开一张宝贝照片。

2. 点击菜单栏中【水印（G）】选项，弹出"水印"设置对话框。

3. 点击"添加水印"按钮，弹出打开水印文件的对话框，在文件类型中选择以.png为后缀的水印文件素材，所选水印将会出现在图片显示区中，见图6-37。

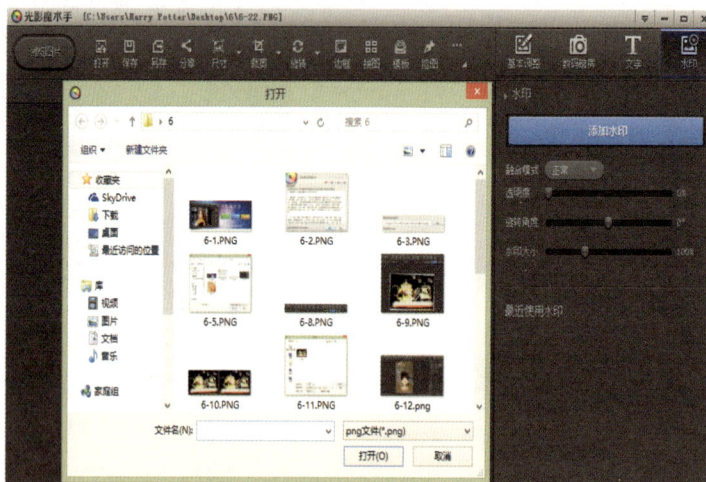

图6-37　添加水印文件

图6-38　水印添加效果

4. 你可以用鼠标在照片中选中水印框，当鼠标变成十字时可以移动水印的文字、改变旋转的角度。

5. 点击【融合模式】出现下拉菜单可以选择水印和照片的融合方式，调整比例轴来调节水印的大小，还可以通过调节【不透明度】来改变水印在照片中的透明程度。

6. 最后点击【确定】按钮完成设置，最终效果如图6-38所示。

> 提示
> 水印可以做得非常漂亮且有特色，最好是把你的店铺LOGO和店铺名称做到一起，这样还能起到宣传店铺的作用。富有艺术性的水印店标，会让买家很容易记住你的店铺。

将照片转换为 JPG 格式

淘宝对上传的商品图片格式要求必须是.jpg 或.gif 格式的。

JPG 全名是 JPEG，JPG 图片以 24 位颜色存储单个光栅图像。JPG 是与平台无关的格式，支持最高级别的压缩，压缩后的图片会占用很小的空间，不过这种压缩是有损耗的。GIF 的原义是"图像互换格式"，GIF 文件的图片，是一种基于 LZW 算法的连续色调的无损压缩格式。其压缩率一般在 50%左右，它不属于任何应用程序。目前几乎所有相关软件都支持它，公共领域有大量的软件在使用 GIF 图像文件。下面我们介绍如何将图片转化为 JPG 格式，转换成 GIF 格式的操作与之类似。

1. 打开需要转换格式的图片文件。

2. 单击【另存】按钮，在弹出对话框【保存类型】的下拉菜单中选择"JPEG 文件（*.jpg；*.jpeg；*.jpe）"，如图 6-39 所示。

图 6-39　将图片转存为 JPEG 格式

3. 在对话框中单击【保存】按钮即可将商品图片转换成 JPG 格式了。

至此，处理照片的基本方法已全部介绍完，整个网上开店的流程与方法也已经介绍得很完整了。读者在参照本书开网店做生意时，一定要注重各个细节，还要注意保证自己的网络信息安全，谨防受骗。在正式开店前，可以先找熟人或朋友作为买家，来帮助你熟悉整个开店以及交易的流程，以免在开店过程中出现差错。

最后，祝愿各位读者网上开店成功，生意兴隆！

附录：淘宝网商品发布数量管理规则

淘宝网宝贝发布数量和卖家的信用等级以及商品类目有关。在同样商品类目的前提下，卖家等级越高，可以出售的商品数量越大。最小的商品数量限制在100，这对新手卖家足够了。具体请参考下表。

淘宝网商品发布数量管理规则表

商品一级目录	卖家信用等级	商品最大上限
书籍	1 钻以下	3000
	1～2 钻	30000
	3 钻以上	300000
手机	1 钻以下	120
	1～3 钻	200
	4～5 钻	300
	1 皇冠及以上	不限制
汽车/配件/改装/摩托/自行车	1 钻以下	800
	1～2 钻	1500
	3 钻以上	10000
珠宝/钻石/翡翠/黄金	1 钻以下	1500
	1～2 钻	2200
	3 钻以上	7000
箱包皮具/热销女包/男包	0～5 星	500
	1～5 钻	1000
	1 皇冠及以上	不限制
女装/女士精品	0～1 星	300
	2～5 星	500
	1～5 钻	1300
	1 皇冠及以上	不限制
其他	1 钻以下	200
	1～2 钻	1500
	3 钻以上	3000

（续表）

商品一级目录	卖家信用等级	商品最大上限
饰品/流行首饰/时尚饰品	0～3 星	1700
	4 星～2 钻	2500
	3 钻及以上	3500
时尚家饰/工艺品/十字绣	0～3 星	1000
	4 星～2 钻	2000
	3～5 钻	4000
	1 皇冠及以上	8000
户外登山野营涉水	0～3 星	500
	4～5 星	800
	1～3 钻	1500
	4～5 钻	3000
	1 皇冠及以上	5000
宠物	0～3 星	300
	4～5 星	1000
	1～3 钻	2000
	4～5 钻	3000
	1 皇冠及以上	无限制
鲜花	0～3 星	1000
	4～5 星	3000
	1～3 钻	10000
	4～5 钻	20000
	1 皇冠及以上	无限制
折扣券	0～1 星	2000
	2～5 星	4000
	1～5 钻	8000
	1 皇冠及以上	无限制
美容护肤/美体/精油类	0～1 星	150
	2～5 星	700
	1～5 钻	1100
	1 皇冠及以上	8000

（续表）

商品一级目录	卖家信用等级	商品最大上限
音乐/影视/明星/乐器	0～5 星	3000
	1～5 钻	30000
	1 皇冠及以上	无限制
Zippo/瑞士军刀/眼镜	0～5 星	1000
	1～4 钻	2000
	5 钻及以上	3000
厨房电器	信用得分≤3	150
	1～5 星	200
	1～5 钻	300
	1 皇冠及以上	450
生活电器	信用得分≤3	150
	1～5 星	200
	1～5 钻	600
	1 皇冠及以上	1200
影音电器	信用得分≤3	150
	1～5 星	200
	1～5 钻	600
	1 皇冠及以上	800
个人护理	信用得分≤3	200
	1～5 星	450
	1～5 钻	600
	1 皇冠及以上	800
建材	0～1 星	1200
	2～5 星	4200
	1～5 钻	9000
	1 皇冠及以上	无限制
家具	信用得分≤3	1800
	1～5 星	4500

（续表）

商品一级目录	卖家信用等级	商品最大上限
家具	1～5 钻	9000
	1 皇冠及以上	无限制
床品	0～1 星	500
	2～5 星	1300
	1～5 钻	2000
	1 皇冠及以上	无限制
食品/茶叶/零食/特产	信用得分≤3	150
	1～5 星	500
	1～5 钻	1300
	1～5 皇冠	1400
	1 金冠及以上	1500
居家日用/厨房餐饮/卫浴洗浴	0～3 星	700
	4 星～2 钻	1500
	3～5 钻	4000
	1 皇冠及以上	8000
网店/网络服务/个性定制/软件	0～3 星	1000
	4～5 星	1300
	1～5 钻	3000
	1 皇冠及以上	5000
保健食品	信用得分≤3	100
	1～5 星	200
	1～5 钻	300
	1 皇冠及以上	500
奶粉/辅食/营养品	信用得分≤3	200
	1～5 星	1000
	1～5 钻	1500
	1 皇冠及以上	10000
尿片/洗护/喂哺等用品	信用得分≤3	200
	1～5 星	1000
	1～5 钻	1500
	1 皇冠及以上	10000

（续表）

商品一级目录	卖家信用等级	商品最大上限
童装/童鞋/孕妇装	信用得分≤3	200
	1～5 星	1000
	1～5 钻	1500
	1 皇冠及以上	10000
益智玩具/早教/童车床/出行	信用得分≤3	200
	1～5 星	1000
	1～5 钻	1500
	1 皇冠及以上	10000
品牌手表/流行手表	0～5 星	2000
	1～3 钻	3000
	4～5 钻	3200
	1 皇冠及以上	3500
古董/邮币/字画/收藏	0～5 星	3000
	1～4 钻	10000
	5 钻及以上	20000
MP3/MP4/iPod/录音笔	0～5 星	100
	1～3 钻	150
	4～5 钻	300
	1 皇冠及以上	无限制
国货精品手机	0～5 星	120
	1～3 钻	200
	4～5 钻	300
	1 皇冠及以上	无限制
电脑硬件/台式整机/网络设备	0～3 星	300
	4～5 星	500
	1～3 钻	1000
	4～5 钻	2500
	1 皇冠及以上	5000
电玩/配件/游戏/攻略	0～3 星	800
	4～5 星	1000
	1～3 钻	1500

（续表）

商品一级目录	卖家信用等级	商品最大上限
电玩/配件/游戏/攻略	4 钻及以上	2000
笔记本	0~3 星	150
	4~5 星	300
	1~5 钻	500
	1 皇冠及以上	2000
办公设备/文具/耗材	0~3 星	800
	4~5 星	1200
	1~3 钻	3000
	4~5 钻	5000
	1 皇冠及以上	无限制
3C 数码广场	0~5 星	200
	1~3 钻	500
	4 钻~1 皇冠	5000
	2 皇冠及以上	无限制
闪存卡/U 盘/移动硬盘	0~5 星	100
	1~2 钻	150
	3 钻及以上	无限制
彩妆/香水/美发/工具	信用得分≤3	200
	1~5 星	500
	1~5 钻	1000
	1~5 皇冠	5000
	1 金冠及以上	8000
女鞋	0~1 星	200
	2 星~2 钻	500
	3~5 钻	1000
	1 皇冠及以上	无限制
玩具/模型/娃娃/人偶	0~5 星	1000
	1~5 钻	5000
	1 皇冠及以上	无限制
男鞋	0~1 星	200
	2 星~2 钻	500

（续表）

商品一级目录	卖家信用等级	商品最大上限
男鞋	3～5钻	1000
	1皇冠及以上	无限制
女士内衣/男士内衣/家居服	0～1星	200
	2～5星	300
	1～3钻	500
	4～5钻	800
	1皇冠及以上	无限制
男装	0～1星	200
	2～4星	500
	5星～2钻	600
	3～5钻	800
	1皇冠及以上	无限制
数码相机/摄像机/图片冲印	0～5星	400
	1～5钻	1000
	1皇冠及以上	无限制
运动服	0～5星	500
	1～3钻	750
	4～5钻	1000
	1皇冠及以上	无限制
网络游戏点卡	0～5星	800
	1～5钻	1100
	1～5皇冠	3500
	1金冠及以上	无限制
运动鞋	0～1星	300
	2～5星	800
	1～5钻	1500
	1皇冠及以上	无限制
IP卡/网络电话/手机号码	0～5星	2000
	1～5钻	5000
	1～5皇冠	8000
	1金冠及以上	无限制